O uso de símbolos

Coleção **TEMAS DO** *Ensino Religioso*

I. Pressupostos do Ensino Religioso
1. Que é religião?
2. Religião e ciência
3. Religião e interdisciplinaridade
4. Ensino religioso: aspecto legal e curricular
5. Educação e religiosidade

II. Questões Fundamentais
1. O sagrado
2. Narrativas sagradas
3. Ritos: expressões e propriedades – Maria Angela Vilhena
4. A ética
5. Como a religião se organiza: tipos e processos – João Décio Passos

III. Tradições Religiosas
1. Catolicismo brasileiro
2. As constelações protestantes
3. Pentecostais: origens e começo – João Décio Passos
4. Religiões indígenas e afro-brasileiras
5. Religiões orientais no Brasil
6. Novos movimentos religiosos: o quadro brasileiro – Silas Guerriero
7. Espiritismos

IV. Temas Contemporâneos
1. Pluralismo religioso: as religiões no mundo atual – Wagner Lopes Sanchez
2. Fundamentalismo ontem e hoje
3. Sincretismo religioso
4. Em que crêem as tribos urbanas?
5. O uso de símbolos: sugestões para a sala de aula –
Maria Celina Cabrera Nasser

MARIA CELINA CABRERA NASSER

O uso de símbolos

Sugestões para a sala de aula

Dados Internacionais de Catalogação na Publicação (CIP)
(Câmara Brasileira do Livro, SP, Brasil)

Nasser, Maria Celina Cabrera
   O uso de símbolos : sugestões para a sala de aula / Maria Celina Cabrera Nasser – São Paulo : Paulinas, 2006. – (Coleção temas do ensino religioso)

   Bibliografia.
   ISBN 85-356-1752-3

   1. Educação religiosa 2. Sala de aula – Direção 3. Signos e símbolos I. Título. II. Série.

06-1767   CDD-371.3

Índice para catálogo sistemático:

1. Símbolos : Uso em sala de aula : Educação   371.3

A coleção *Temas do Ensino Religioso* é uma iniciativa
do Departamento de Teologia e Ciências da Religião da PUC-SP

Direção-geral: *Flávia Reginatto*
Editores: *Afonso Maria Ligorio Soares e Luzia Sena*
Copidesque: *Cristina Paixão Lopes*
Coordenação de revisão: *Andréia Schweitzer*
Revisão: *Mônica Elaine G. S. da Costa*
Direção de arte: *Irma Cipriani*
Gerente de produção: *Felício Calegaro Neto*
Projeto gráfico e capa: *Telma Custódio*

Nenhuma parte desta obra poderá ser reproduzida ou transmitida por qualquer forma e/ou quaisquer meios (eletrônico ou mecânico, incluindo fotocópia e gravação) ou arquivada em qualquer sistema ou banco de dados sem permissão escrita da Editora. Direitos reservados.

Paulinas

Rua Pedro de Toledo, 164
04039-000 – São Paulo – SP (Brasil)
Tel.: (11) 2125-3549 – Fax: (11) 2125-3548
http://www.paulinas.org.br – editora@paulinas.org.br
Telemarketing e SAC: 0800-7010081

© Pia Sociedade Filhas de São Paulo – São Paulo, 2006

SUMÁRIO

Apresentação da coleção 7

Introdução 11

I. Conceitos 17

II. Símbolos pessoais 27

III. Símbolos familiares e grupais 37

IV. Símbolo como auxílio sobrenatural dos heróis 41

V. O mal nos contos de fadas 65

VI. Os símbolos e as religiões 77

[...] e foram felizes para sempre! 89

Bibliografia 93

APRESENTAÇÃO DA COLEÇÃO

Com este livro da professora Maria Celina Cabrera Nasser chegamos ao quinto volume da Coleção *Temas do Ensino Religioso* e mantemos a disposição de prestar um serviço qualificado em benefício da formação integral de nossa juventude. O Departamento de Teologia e Ciências da Religião (DTCR) da Pontifícia Universidade Católica de São Paulo (PUC-SP) contribui, assim, com um projeto mais vasto que, pelo menos, desde a criação do Fonaper — Fórum Nacional Permanente do Ensino Religioso (1995) — tem-se pautado pela garantia da disciplina *Ensino Religioso* (ER) na formação básica do cidadão. Para tanto, somamos esforços no apoio aos docentes da disciplina, incentivando sua capacitação específica. A equipe do DTCR está altamente qualificada para o projeto, uma vez que une a prática de educadores que já desenvolvem o Ensino Religioso em muitas escolas do País com a pesquisa que vários profissionais das Ciências da Religião vêm realizando no âmbito universitário. Aos poucos, a coleção procura satisfazer a demanda por obras na área, e conta, desde o início, com o total apoio de Paulinas Editora, de notório e reconhecido protagonismo na área.

Os principais objetivos da coleção são: proporcionar aos docentes o conhecimento dos elementos básicos do fenômeno religioso a partir da experiência dos alunos; expor e analisar o papel das tradições religiosas na sociedade e na cultura; contribuir com a compreensão das diferenças e semelhanças entre as tradições religiosas; refletir sobre a relação entre os valores éticos e práticas morais e as matrizes religiosas presentes na sociedade e na cultura; apresentar a religião como uma referência de sentido para a existência dos educandos e como fator condicionante para sua postura social e política; elucidar a problemática metodológica, curricular e legal do ER; e, finalmente, explicitar os processos de constituição, identificação e interação das denominações religiosas em seus diferentes contextos.

Os livros foram pensados como subsídio para a formação de docentes de ER e de disciplinas afins do ensino fundamental e médio. Sabemos da importância de uma formação que prepare especificamente para o ER, e é inegável a carência de material adequado e de publicações academicamente qualificadas. Portanto, cremos ser bastante oportuna uma série que contemple as grandes temáticas e as enfoque diretamente para quem ensina ER.

O olhar que lançamos sobre o fenômeno religioso não é confessional nem pertence a esta ou aquela "teologia". Os temas estudados têm como base epistemológica as Ciências da Religião. Esta abordagem possibilita a análise diacrônica e sincrônica do fenômeno religioso, a saber, o aprofundamento das questões de fundo da experiência e das expressões religiosas, a exposição panorâmica das tradições religiosas e as suas correlações socioculturais. Trata-se, portanto, de um enfoque multifacetado que busca luz na Fenomenologia, na História, na Sociologia, na Antropologia e na Psicologia da Religião, contemplando, ao mesmo tempo, o olhar da Educação. Além de fornecer a perspectiva, a área de conhecimento das Ciências da Religião favorece as práticas do respeito, do diálogo e do ecumenismo entre as religiões. Contribui, desse modo, com uma educação religiosa de caráter transconfessional que poderá incidir na formação integral do ser humano.

A coleção orienta-se, fundamentalmente, pelos Parâmetros Curriculares do ER do Fonaper. Embora não tenha força de lei, tais balizas significam um consenso construído por profissionais e especialistas da área numa perspectiva epistemológica e política que define as bases teóricas e metodológicas do ER, superando as abordagens e práticas confessionais de recorte catequético ou teológico. Nesse sentido, as publicações atendem aos eixos que regem os Parâmetros: *culturas e tradições religiosas* (e suas inter-relações); *teologias* (estudo da concepção do transcendente); *textos sagrados e tradições orais* (significado da palavra sagrada no tempo e no espaço); *ritos* (entendimento das práticas celebrativas); e *ethos* (vivência crítica e utópica da ética humana a partir das tradições religiosas).

Nossos autores abordam esses eixos em duas direções: como questão transversal, implícita ou explícita nas temáticas de cada monografia, mas também como enfoque direto nos seus referidos títulos. Além disso, o conjunto dos títulos visa apresentar as questões epistemológicas de fundo dos próprios Parâmetros — a problemática da ciência, a educação, a interdisciplinaridade, a legislação do ER, a definição de Religião —, bem como expor as grandes tradições religiosas que compõem de modo particular o campo religioso brasileiro.

Para dar conta dos eixos acima descritos, organizamos a coleção em quatro seções, abrangendo os pressupostos teóricos, metodológicos e pedagógicos do ER e dos próprios Parâmetros Nacionais, as questões estruturantes das religiões, as principais tradições religiosas presentes no Brasil e alguns temas contemporâneos relacionados aos processos de relação e identificação religiosa. Os títulos das seções respondem às questões básicas que as constituem, mas poderão, futuramente, acolher outros temas relevantes e complementares. Assim, a seção *Pressupostos* trata das questões de fundo, a saber, definições, teorias, paradigmas e sujeitos envolvidos no fenômeno religioso. Em *Questões fundamentais* são enfocadas as constantes ou elementos constitutivos das tradições religiosas, tendo por parâmetro a Fenomenologia da Religião. A seção *Tradições religiosas* apresenta as matrizes e instituições predominantes no campo religioso brasileiro, sem esquecer, é claro, as denominações importantes no panorama mundial. E, finalmente, a seção *Temas contemporâneos* aborda alguns processos que dinamizam as religiões.

Outro cuidado foi oferecer textos em linguagem acessível, sem hermetismos acadêmicos, com alusões internas a autores e obras fundamentais, com poucas e sucintas notas de rodapé. Ao final de cada capítulo, são propostas duas ou três questões para o estudo e debate, e indicadas algumas obras para aprofundamento. No fim do volume, encontra-se a referência bibliográfica completa.

Por fim, só nos resta agradecer a todas as entidades que tornaram possível esta realização e à professora Maria Celina, que assina o presente volume, cuja qualidade certamente contribui com nossa meta de atingir e satisfazer o público preferencial. Renovamos, outrossim, o compromisso de manter a coleção em contínuo processo de construção socializada dos temas. Dessa forma, são bem-vindos críticas, sugestões e pedidos de esclarecimento, a fim de que possamos aprimorar a qualidade dos demais lançamentos e de eventuais reedições dos já vindos a público.

Dr. Afonso Maria Ligorio Soares — PUC-SP
Coordenador da Coleção *Temas do Ensino Religioso*

INTRODUÇÃO

O uso de símbolos em sala de aula tem sido uma experiência muito rica e gratificante em anos de docência. O objetivo deste trabalho é oferecer subsídios para que o professor de Ensino Religioso, ou de qualquer outra disciplina afim, possa usá-los como facilitador da aprendizagem, lembrando que devem sempre ser considerados os objetivos educacionais da disciplina.

Os objetivos gerais aqui estabelecidos são de que o aluno:
- compreenda que a religiosidade é parte integrante do ser humano;
- saiba que existem várias formas de expressar esta religiosidade;
- entenda que o símbolo é uma das formas de expressar a religiosidade;
- perceba que as religiões, na sua maioria, trabalham com linguagens simbólicas;
- possa assumir um comportamento de respeito em relação à diversidade religiosa.

A proposta que será apresentada tem a seqüência utilizada em sala de aula, cabendo a cada docente fazer suas adequações, segundo seus princípios e metodologias de trabalho.

Inicialmente, serão oferecidos os conceitos e referências fundamentais para este trabalho. A seguir, exporemos as sugestões de dinâmicas para as salas de aula e as atividades a serem desenvolvidas pelos estudantes e então aproximaremos os símbolos das religiões e apresentaremos uma proposta de trabalho, com o objetivo de promover o respeito entre os povos e as religiões.

A metodologia utilizada é indutiva. Dessa forma, o trabalho partirá da dimensão individual para se chegar à esfera social. Assim, terá início com os símbolos pessoais, para depois tratarmos dos símbolos grupais e expressões religiosas. Por fim, a intenção mais delicada e difícil, que é a de construir com os estudantes o comportamento de respeito para com o outro, na expressão do que ele tem de mais profundo, que é a sua religiosidade. Para esta última etapa, recorreremos a Hans Küng, buscando caminhos para uma reflexão sobre uma atitude nova diante das religiões nos tempos atuais.

Para fundamentar este trabalho, parto da concepção de ser humano apresentada por Lima Vaz — o ser humano como ser de relações. É dessa concepção que aparece a linguagem como *medium* (meio) no qual todas as relações acontecem. Para a fundamentação do conceito de linguagem, recorrerei ao referencial teórico dos seguintes autores: na análise da origem da linguagem, Johann Herder; na abordagem antropológica da linguagem, Ernst Cassirer, para quem o ser humano é um "animal simbólico"; em Rubem Alves, a visão da linguagem como expressão da alma; e em Julia Kristeva, a linguagem em uma perspectiva histórica.

Em Johann Gottfried Herder, precursor do Romantismo alemão e que produziu de 1744 a 1803, encontramos uma discussão sobre a origem da linguagem. Para ele, a gênese da linguagem tem um percurso de "complexificação crescente", e utiliza o conceito de globalidade ou totalidade para explicar esta complexificação da força do pensamento e dos sentidos. Conforme o ser humano foi se desenvolvendo, suas relações tornaram-se mais complexas. Este desenvolvimento não significa somatória de elementos, mas que o ser humano foi evoluindo em sua capacidade de dar sentido (significado e direção) às coisas. Não foi porque os anos foram passando que, naturalmente, o ser humano se desenvolveu, nem o fato de um grupo estar ao lado do outro, mas porque os seres humanos se relacionaram, aprenderam, erraram para aprender de novo e transmitiram seus conhecimentos.

O percurso do desenvolvimento da linguagem vai desde a "linguagem da impressão", que é quando o ser humano expira suas dores, isto é, coloca para fora seu sofrimento, espanto, medo, emitindo sons, até quando, encontrando outros seres, também dotados de sentimentos, faz a passagem da linguagem sonora da impressão para a articulação (fala) e o desenho (escrita).

> Dotado de cordas sensíveis, é certo, mas a natureza ocultou nessas cordas sonoridades que, uma vez excitadas e postas em ação, vão, por seu turno, despertar outras criaturas de constituição igualmente sensível, sonoridades capazes de comunicar, através de uma cadeia invisível, centelhas luminosas a um coração distante, de modo que essa criatura invisível as possa sentir. Esses suspiros, essas sonoridades são linguagem: existe, pois, uma linguagem da impressão, que é lei natural imediata.[1]

Para o ser humano primitivo, a palavra possui a força mágica de interferir e controlar as forças da natureza. "Para proteger-se do que o aterroriza, o ser humano primitivo emite sons."[2] Os

---

[1] HERDER, J. G. *Ensaio sobre a origem da linguagem*, pp. 26-27.
[2] BEAINI, T. C. *As máscaras do tempo*, p. 44.

gritos iniciais deram origem a sons mais articulados e direcionados a objetos e pessoas. Quando o ser humano passou a dar nome às coisas, iniciou seu domínio sobre elas. Saber o nome é identificar — agora sei o que é, e, portanto, não tenho mais medo ou, pelo menos, sei como lidar com ela. A insegurança e o medo podem ocorrer quando não se sabe o que se tem pela frente e, portanto, não se sabe como enfrentar. Ao dar nome, identificar, é possível traçar uma linha de ação, uma estratégia, para resolver ou compreender o que se tem pela frente.

E assim o ser humano foi emitindo sons, copiando, inicialmente, da natureza, elaborando uma musicalidade que, com o tempo, começou a ter sentidos (direção e significado) cada vez mais precisos e mais amplos. "[...] o ser humano inventou ele mesmo a linguagem, e o fez a partir das sonoridades da natureza viva, e dessas sonoridades fez características para uso do seu superior entendimento."[3]

Ao final do seu *Ensaio*, Herder infringe a regra da Academia ao não fornecer nenhuma hipótese sobre a origem da linguagem. Ou seja, a origem da linguagem permanece um mistério.

A visita a Ernst Cassirer[4] oferece elementos para compreensão do ser humano como um "animal simbólico", ou seja, aquele que é capaz de criar a linguagem, os mitos, a arte e a religião por meio dos símbolos. Estes fazem parte do mundo humano do sentido (significado e direção). São designadores, portanto nomeiam, e possuem versatilidade e mobilidade, pois podem

---
[3] HERDER, J. G., op. cit., p. 74.
[4] CASSIRER, E. *Antropologia filosófica*.

mudar no tempo e no espaço. Ser um "animal simbólico" significa que temos a capacidade de representar o que não está presente. O ausente é trazido à presença por meio de uma representação.

De Henrique C. de Lima Vaz[5] vem a concepção de ser humano como ser-de-relações. Relações que são de objetividade: *ser com o mundo*, quando entre o ser humano e o mundo não há mediação, isto é, não existe nada entre ele e o mundo. A relação é direta, objetiva, e a comunicação, apenas a de um monólogo no qual o que se tem como resposta é o eco[6] e o que se quer ver é o espelho. Relação de intersubjetividade: *ser com o outro*, quando existe uma subjetividade que mediatiza a relação, é o momento do diálogo entre dois sujeitos, pois há a resposta do outro, uma vez que tenho um sujeito à minha frente e, em vez do espelho, tenho um olhar. Relação de transcendência: *ser com o Absoluto*, quando o Outro que está diante de mim me acolhe na totalidade do meu ser, com a complexidade e infinitude próprias de todo ser. Esse acolhimento é próprio do espírito.

O terreno no qual essas relações acontecem é a *linguagem*. Portanto, a linguagem está presente em todas as formas de relação que o ser humano estabelece, sendo, mesmo, o meio para que elas aconteçam.

Em Rubem Alves, encontramos a linguagem presente nas relações humanas, descritas de forma particular: seja como rede que sustenta a vida, seja como poder, como valor e como forma

---

[5] VAZ, H. C. L. *Antropologia filosófica*, v. II.
[6] Eco, na mitologia, é uma ninfa que, tendo desafiado Afrodite, foi condenada a só responder se primeiro alguém falar com ela. Assim, só poderia dizer a Narciso que o amava se primeiro ele o dissesse a ela. Eco, então, escondeu-se nas profundezas das cavernas. Basta ir lá e chamá-la.

de superação dos problemas vividos pelo ser humano e pela humanidade.[7] Como rede, além de sustentar, liga uns aos outros, e qualquer movimento pode alterar as relações. Uma palavra mal colocada pode causar um grande estrago. Vamos fazer uma metáfora com a rede e a sua trama. A trama dessa rede pode ser firme, dando boa sustentação, não havendo dúvidas, pois por ela só pequenas coisas podem passar, coisas sem importância. Pode ser, também, uma trama mais larga, sem muita clareza nas relações, por onde podem vazar as palavras, as emoções, as coisas importantes da vida, e aí encontramos as desavenças, as brigas, as discórdias e os mal-entendidos.

Passemos, então, à explicação dos conceitos para que nossa rede seja forte o suficiente para sustentar nosso trabalho.

---

[7] ALVES, R. *O suspiro dos oprimidos* (em que o autor apresenta sua compreensão de linguagem e poder, linguagem e cosmovisão, linguagem e valor. Trata, também, da religião, da política e da psique, falando da linguagem do amor, da linguagem dos cegos e da linguagem dos possessos).

I

CONCEITOS

OBJETIVOS

- Estabelecer os conceitos que dão base à proposta de trabalho.
- Compreender o ser humano como um ser de relações.
- Perceber a linguagem como meio em que ocorrem as relações humanas.

SUBSÍDIOS PARA APROFUNDAMENTO

A base para a realização do trabalho de "símbolos em sala de aula" é formada por alguns conceitos e por uma definição de ser humano. Os conceitos fundamentais são: linguagem, signo e símbolos, que estarão definidos e comentados a seguir. Quanto à definição de ser humano, vamos recorrer a Henrique Cláudio de Lima Vaz, que compreende o ser humano como um ser de relações,[1] isto é, o ser humano é capaz de estabelecer relações consigo mesmo, com o outro, o mundo e o transcendente, e se faz realmente humano a cada relação. Essas relações ocorrem por meio da linguagem

---

[1] O ser humano como ser de relações aparece explicitado em Maria Celina de Q. C. Nasser, *O que dizem os símbolos?*

— no monólogo consigo mesmo; no diálogo com o outro; na expressão que elabora do mundo e nas orações para o Transcendente. A linguagem é, portanto, o ambiente em que ocorrem as relações. A linguagem pode ser definida como o conjunto de sinais, gestos ou sons que comunicam ou expressam uma mensagem.

Para explicar melhor, vamos começar pelo conceito de linguagem como matéria do pensamento; em seguida, definiremos a diferença entre signo e símbolo para, depois, passarmos ao uso de símbolos em sala de aula.

Linguagem, matéria do pensamento

A linguagem é campo do pensamento. Toda vez que se fala em linguagem, deve-se remeter ao pensamento. O pensamento,[2] por sua vez, precisa de uma forma para expressar-se, haja vista ainda não sermos capazes de leituras telepáticas ou transmissões de pensamentos para comunicarmo-nos. Assim, o pensamento é organizado pela linguagem. É ela que coloca em ordem o pensamento para que ele seja passível de ser compreendido pelo outro.

Qualquer que seja o momento histórico, "a linguagem é uma série de sons articulados, mas também é um conjunto organizado de marcas escritas (uma escrita) ou um jogo de gestos (gestualidade)".[3] A construção de uma forma de comunicação entre os seres humanos propiciou a organização e o desenvolvimento das ações, na formação dos grupos sociais, das sociedades, e sua localização no tempo e no espaço.

---

[2] Ver: DAMÁSIO, A. O mistério da consciência.
[3] KRISTEVA, J. El lenguaje ese desconocido. Introducción a la lingüística, p. 14.

Assim, podemos afirmar que a linguagem (conjunto de sons articulados, marcas escritas e gestos) é uma realização do pensamento e da experiência humanos, na sua totalidade, além de ser um elemento próprio da comunicação social, para a construção das sociedades. A linguagem é o meio no qual ocorrem as relações humanas. Ela possibilita a organização do pensamento, favorecendo o conhecimento e o autoconhecimento dos homens e das mulheres ao longo das épocas e civilizações. A linguagem organiza e exercita o pensamento, expressa as experiências e constrói a história através da memória. O esquecimento desorganiza e desorienta os seres humanos, que, sem a lembrança do seu passado, expresso por meio da linguagem, e concretizado em uma língua com a palavra, impossibilita a construção do futuro e o reconhecimento do presente. Com a perda da memória, perde-se o que de mais pessoal possuímos, a nossa identidade, e, como decorrência, a nossa história.

Para Vygotsky,

> a relação entre o pensamento e a palavra é um processo vivo; o pensamento nasce através das palavras. Uma palavra desprovida de pensamento é uma coisa morta, e um pensamento não expresso por palavras permanece uma sombra. A relação entre eles não é, no entanto, algo já formado e constante; surge ao longo do desenvolvimento e também se modifica.[4]

Para uma melhor compreensão dos significados que uma mesma palavra[5] pode ter, é interessante apresentar a distinção

---

[4] Idem, ibidem, p. 131.
[5] A *palavra*, algumas vezes, tem sido confundida com símbolo. Aqui, a *palavra* será tratada enquanto signo. A distinção entre linguagem denotativa e linguagem conotativa servirá para explicitar mais a noção de *palavra* e a compreensão de linguagem simbólica.

entre linguagem denotativa e linguagem conotativa. Conforme o uso literário, na linguagem denotativa a palavra (tomada aqui enquanto signo) contém apenas o significado aceito conforme as normas do código lingüístico da língua e do seu uso corrente. A sua relação de significação é unívoca (por exemplo: *o círculo é uma figura geométrica*, mas nem toda figura geométrica é um círculo); ou, em uma denotação máxima, biunívoca (por exemplo: *o fogo é uma combustão do oxigênio*, pois todo fogo pressupõe uma combustão do oxigênio, e toda combustão do oxigênio pressupõe o fogo).

Na linguagem conotativa, e a partir dela, podemos compreender a linguagem simbólica; a palavra gera associações com imagens, conceitos, emoções e ações que transcendem, isto é, vão além de seu significado imediato, explicitando algo indizível, como no exemplo *Maria é uma flor*.

Ainda sobre denotação e conotação, podemos completar dizendo que, no uso literário, a linguagem denotativa apresenta a palavra no seu significado padrão, enquanto a linguagem conotativa apresenta associações que o significado da palavra origina. No uso lógico, a denotação representa uma extensão e a conotação, uma intenção.

Com a linguagem, portanto, temos o desenvolvimento da humanidade, pois é com a linguagem que tecemos o tecido no qual a vida se sustenta.

A linguagem, nas suas diferentes modalidades (não-verbal e verbal), expressa a alma,[6] as dores, os sofrimentos, as angústias, as descobertas, os conhecimentos, as alegrias e os prazeres. Sendo,

---

[6] Alma será compreendida como psique, ou seja, o mundo interior do ser humano.

como já dissemos, o meio pelo qual expressamos e comunicamos uma mensagem, e no qual as relações humanas se realizam.

Para uma mensagem ser compreendida, ela precisa estar organizada e ter o mesmo código lingüístico que o receptor dessa mensagem. A mensagem necessita ter começo, meio e fim, além de ser clara, objetiva e não dar margem a dúvidas.

Como expressão do pensamento, a linguagem pode ser *não-verbal* — escultura, pintura e arquitetura — e expressa-se como *ícone* — refere-se ao objeto pela sua semelhança (desenhos iconográficos) — ou *índice* — não se parece, necessariamente, com o objeto, mas recebe influência dele (por exemplo, podemos citar as pegadas de alguém ou de um animal: sabemos que ele passou por ali, mas no momento não está mais lá, apenas suas pegadas).

A linguagem pode ser *verbal*, expressando-se como: *língua* (parte social da linguagem); *fala* (ato individual de vontade e inteligência); ou *discurso* (manifestação da língua na comunicação viva em que há um locutor e um ouvinte, e a intenção é de convencer o ouvinte sobre uma idéia ou conceito). A linguagem verbal é construída por signos lingüísticos, sinais gráficos que se referem a um objeto, o qual é designado por meio de um conceito. Os signos lingüísticos devem ser objetivos e diretos, ou seja, denotativos. Por exemplo: quando escrevo ou digo *mesa*, estou usando um conjunto de sinais gráficos (m - e - s - a), que, juntos, produzem um som (mêza) que se refere a um conceito, a uma definição (*sf.* 1. Móvel, em geral de madeira, sobre o qual se come, escreve, trabalha, joga etc.). Cada um de nós, nesse momento, está elaborando uma abstração, um conceito para entender o que é mesa. Sabemos que é um objeto, não importa a forma nem o material, sobre o qual podemos realizar tarefas, refeições etc. Se uma mesa é usada para outra função, estaremos *re*-conceituando o objeto. A arte faz muito isso: uma mesa deixa de ser a mesa e passa a representar uma outra idéia. Pode, por exemplo, representar o encontro de uma família. Imaginem uma casa sem mesa de jantar. Ou uma outra em que a mesa de jantar ocupa quase que toda a única sala da casa. Nesse momento, um mesmo objeto apresenta mais de uma definição, ou seja, possui conotações diferentes: a solidão ou o encontro, talvez. Quando entramos nesse campo, estamos começando a falar de linguagem metafórica e de símbolos.[7]

Signos — Símbolos — Metáforas

Há diferença entre signos e símbolos. Signos lingüísticos expressam um único sentido (significado e direção) de algo. Mesa possui uma única definição. Como exemplo, encontramos, mais claramente, a linguagem denotativa na expressão jurídica, que não pode dar margem a enganos, a duplas ou triplas interpretações. A precisão na expressão é necessária para que possamos nos comunicar com eficácia. Caso contrário, eu não poderia escrever este texto, os professores não poderiam dar suas aulas, as palestras e conferências seriam um desastre total. Assim, para uma boa comunicação, precisamos usar um mesmo código lingüístico dentro de um mesmo universo semântico (universo de significados).

Será que conseguimos expressar correta e adequadamente tudo o que queremos ou sentimos? E quando as definições de que disponho não dão conta de exprimir o que quero comunicar?

---

[7] Existem definições que colocam signo e símbolo como sinônimos. Aqui, cada um deles possuirá um conceito.

Nesse momento, faço uso dos símbolos, uma vez que eles representam (estão no lugar de) algo para o qual as palavras, gestos e sinais não bastam. Os símbolos são a expressão de uma coisa que não encontra outra manifestação melhor; são a representação do transbordamento, do excesso de vida que possuímos. Portanto, o símbolo representa o indizível e carrega um significado conhecido e desconhecido, ao mesmo tempo, e é aberto à vida.

Antes de falarmos de símbolos explicitamente, vamos conversar um pouco sobre a metáfora. Uma metáfora é quando os atributos ou qualidades de duas "coisas" de naturezas diferentes são iguais e, por causa disso, podemos afirmar que uma é a outra. Tomemos o exemplo já citado: *Maria é uma flor*. Sabemos que Maria é um ser humano e a flor é uma planta. Não queremos dizer que Maria é uma planta, mas que Maria — uma pessoa bonita, perfumada e suave — é como se fosse uma flor — bonita, perfumada e suave. Existem outros atributos e qualidades, tanto de Maria quanto da flor, que não precisam estar presentes para entendermos a mensagem. Para o nascimento de um símbolo, a metáfora é um momento. Vamos ver como isso ocorre.

O símbolo possui vida. A vida do símbolo também tem sua duração; ele nasce da necessidade de uma expressão que é maior do que as palavras disponíveis, desenvolve-se quando alimentado e morre de "morte matada", quando destruído, ou de "morte morrida", quando deixa de ter significado e não representa mais o que um dia representou.

O símbolo nasce da capacidade que temos de transcender, de ir além, uma vez que possuímos a espiritualidade como uma de nossas dimensões. As outras dimensões são: corpo físico e psiquismo.[8] A espiritualidade pode ser compreendida como re-

---

[8] Sobre este assunto, ver H. C. L. Vaz, *Antropologia filosófica*, vv. I-II.

ligiosidade também. O símbolo nasce com o esplendor da vida, mas para desenvolver-se precisa ser alimentado. Cada vez que lembramos o que o símbolo representa (aquilo que está no lugar de), nós o alimentamos dando-lhe força de vida. A memória, então, passa a ser muito importante em todo o processo simbólico. Rememorar e celebrar o que o símbolo representa dá a ele mais vida. É para isso que também servem os rituais — rememorar algo para vivê-lo novamente. Cada vez que pegamos uma fotografia, por exemplo, que foi guardada, pois representa um momento mágico que ocorreu, estamos alimentando tal momento em nossa memória, tornando-o cada vez mais forte e vivo. Se eu deixo de lado, não mais me aproximo da caixa de fotos, seja lá por que razão for, pode ser que o símbolo morra. Ele só não morre se tiver uma boa reserva de vida e de lembranças que o sustentem.

Um exemplo sempre ajuda. Vamos imaginar dois namorados. A garota pede que o rapaz diga o quanto ele a ama. Para sair desse enrosco, ele responde: "Muito!". E ela retruca: "Muito quanto?". Ele procura grandezas para expressar-se: "Meu amor é grande como o mar". "É pouco", diz ela. "Como o céu, talvez impressione", pensa ele, já que o infinito é difícil de entender. Então, numa bela noite de lua cheia — a lua sempre ajuda —, ele entrega para sua amada um botão de rosa. Único, como convém. Nesse momento, ela entende, pois nasce o símbolo do amor deles, o botão de rosa passa a *representar* o amor dos dois, ou seja, ele está no lugar de. Satisfeita, a garota guarda o botão de rosa dentro de um livro de poesias. Passa-se o tempo. E quando ela sente saudades dele, abre o livro e o encontra representado no botão. Uma noite, porém, ela, não podendo sair para um encontro com ele, diz para ele que vá, mas que se comporte. Logo na manhã seguinte, pois notícias assim chegam logo cedo, uma "amiga" telefona e conta que viu o rapaz com uma outra garota. Depois de saber de todos os detalhes — porque mulher gosta dos detalhes, de como era *a outra*, se mais bonita, mais nova, mais magra —, a garota traída, não podendo atacar o rapaz, lembra-se do botão de rosa. Vai até o livro de poesias, abre-o, pega o botão de rosa, aperta-o com muita raiva e joga-o fora. Porém, uma pétala escondida consegue salvar-se da fúria da garota. Um pouco mais tarde, o rapaz, desavisado de tudo, liga e uma boa briga inicia-se. Ele explica que não foi nada, que estava bêbado (vejam só!), que nem se lembra da garota com a qual ficou e outras desculpas utilizadas normalmente nessas situações. Depois de muito choro e de infindáveis explicações, ela cede, aceita as desculpas e desliga o telefone. Alguns segundos depois, ela se recorda do ataque ao botão de rosa, símbolo do amor deles que quase foi destruído. Volta ao local do crime e encontra aquela pétala que conseguiu se esconder — o amor deles está salvo!

Os símbolos são assim, representam algo, estão no lugar de um sentimento, de uma pessoa, de um momento. E, enquanto o alimentarmos, ele continuará vivo. Se, depois de muitos anos, a nossa garota, não mais namorando aquele rapaz, encontrar aquela pétala no meio do livro e não mais souber o que significa e a jogar fora, o símbolo estará morto. O símbolo morto torna-se signo — uma pétala seca no meio de um livro de poesias, apenas.

Dessa forma, a linguagem simbólica é quando, em vez de conter um sentido objetivo e visível, ocultamos um significado invisível e mais profundo e que não pode ser expresso diretamente. A linguagem simbólica vai além do nome que identifica o objeto, ampliando seu valor, dando-lhe novo conceito e direção. A linguagem simbólica, portanto, é usada quando se esgotam as expressões comuns, quando o desconhecido está presente.

A linguagem é a expressão da alma e a linguagem simbólica apresenta-se como uma porta que abre caminho para que a transcendência se manifeste. O símbolo, como aqui está sendo compreendido, é um atalho de acesso ao Transcendente. Um veículo capaz de transportar o indizível e torná-lo expresso, com isso sendo desvelado aos poucos. A linguagem simbólica é a ponte que faz o ser humano ir além de si, do mundo e da história.

O símbolo também representa as conquistas de um ser humano ou de um povo. Exprime suas vidas, significa tudo aquilo que as palavras não conseguem dizer. Os símbolos contam histórias de um povo, suas crenças, medos e esperanças. Contêm energias que, ao serem reativadas, materializam-se em imagens, emoções e sons, recontando essas histórias. Diante disso, podemos imaginar as conseqüências desastrosas que o bloqueio da criação desses símbolos pode acarretar, assim como o desrespeito para com eles.

QUESTÕES

1) Que significa compreender o ser humano como um ser de relações? Quais as relações que o ser humano estabelece?
2) Qual a função da linguagem para a vida humana?
3) Dê exemplos de metáforas que são usadas no dia-a-dia.
4) Qual a diferença entre signo e símbolo?

BIBLIOGRAFIA SUGERIDA

ALVES, R. *O suspiro dos oprimidos.* São Paulo, Paulus, 1987.
NASSER, M. C. Q. C. *O que dizem os símbolos?* São Paulo, Paulus, 2000.
VAZ, H. C. L. *Antropologia filosófica.* São Paulo, Loyola. vv. I-II.

II

SÍMBOLOS PESSOAIS

OBJETIVOS

- Identificar um símbolo pessoal.
- Compreender o símbolo como uma representação.
- Desenvolver o respeito ao outro.

SUBSÍDIOS PARA APROFUNDAMENTO

Estratégias para o uso do símbolo em sala de aula

Nos próximos capítulos, iremos aplicar os conceitos estudados anteriormente em atividades de sala de aula. A proposta de trabalho possui uma metodologia indutiva, uma vez que partiremos de situações particulares para depois compreendermos as situações mais amplas e gerais. Sendo assim, abordaremos neste capítulo os símbolos pessoais e a seguir, no capítulo III, estudaremos os símbolos grupais. Com o objetivo de usar instrumentos próximos aos estudantes, vamos trabalhar com os heróis no capítulo IV e, para tanto, recorreremos a Joseph Campbell, que nos apresenta as etapas da *jornada do herói*. Essa jornada tem a função de ser uma referência às crianças, que, diante de um problema ou obstáculo, necessitam de caminhos e respostas. E os heróis servem de exemplos. Para finalizar esta parte, no capítulo V falaremos um pouco sobre o mal e usaremos os *contos de fadas* para ajudar-nos.

Símbolo e memória

O que guardamos em nossa carteira, naquela parte em que há um zíper? Ou, então, dentro do caderno, na última gaveta do armário? Provavelmente, um pedaço de papel que alguém jogou fora e o pegamos para *representar* que temos essa pessoa por perto. Ou a rolha do champanhe que foi estourado naquele final de ano na praia e que marcou um momento muito especial. Pode ser também a caneta que lhe deu sorte em uma prova e que está presente nas outras; a medalhinha de Nossa Senhora, que fica por baixo da blusa. Uma foto que diz mais do que mostra. Todos esses objetos receberam a incumbência de representar algo que o transcende. Não é mais um papel, uma rolha, uma caneta ou um pedaço de metal. Possuem vida! Eles têm memória, ou melhor, eles representam uma memória carregada de sentimentos. Cada vez que lidamos com esses símbolos, estamos revivendo o que passou, com toda força que ocorreu. Isso se dá em um ambiente particular.

Há rituais[1] para que se possa lidar com esses símbolos, pois estaremos rememorando e revivendo algo que está no passado e, para trazer o que já passou para o presente, é necessário um ritual. Ritual, aqui, está sendo compreendido como uma seqüência de gestos, falas ou ações, sem muita variação, para que não dê nada errado, com uma finalidade clara e específica. Essa seqüência não

---

[1] Ver: VILHENA, M. A. *Ritos*: expressões e propriedades.

pode variar muito para que o resultado seja aquele desejado. Caso saia algo errado, provavelmente foi algum erro no ritual, faltou uma palavra, o gesto não estava correto ou qualquer detalhe passou despercebido.

Assim, qualquer trabalho a ser feito com símbolos deve ser muito cuidadoso, pois estamos lidando com o que de mais sagrado cada um de nós possui. São os sentimentos mais profundos de cada um.

A atividade que pode ser feita com os alunos em sala de aula é muito rica, e deve ser realizada com muito cuidado. "Onde há o cuidado, aí desabrocha a vida humana, autenticamente humana."[2] O objetivo principal dessa atividade, portanto, é levar o estudante a desenvolver o respeito pelo outro, uma vez que serão apresentadas as representações do que há de mais pessoal em cada um. Os símbolos moram na dimensão humana da espiritualidade, ou seja, no centro do ser humano (*self*), onde o humano é mais humano. Como nos diz Leonardo Boff, "ser verdadeiro humano comporta vivenciar esta realidade espiritual".[3]

Outros três conceitos — identidade, consciência e história — são necessários para completar o trabalho, pois dizem respeito à construção do ser humano.

Identidade

A identidade do ser humano é tudo o que ele é. É o conjunto de características próprias de cada um. A identidade é cons-

---

[2] Boff, L. *A águia e a galinha*, p. 146.
[3] Idem, ibidem, p. 157.

truída por meio de um processo de constante conhecimento de si, do outro e do mundo. Portanto, é formada por meio da relação dialética[4] entre a herança genética que trazemos, isto é, a subjetividade própria a cada um, sua história singular, com o contexto sociocultural no qual o sujeito está inserido.

A construção da identidade é um processo que se inicia antes mesmo de o sujeito nascer, por meio da herança genética que recebe de seus pais. Essa herança inter-relaciona-se com o meio (tempo e espaço) em que a pessoa nasce, recebendo intervenções constantes. Tal processo de construção pressupõe a existência da consciência. Quando o sujeito toma consciência da sua existência, passa a fazer parte, ou seja, a participar deste processo de forma mais atuante e direta. É com o desenvolvimento e a ampliação das relações que a pessoa começa a ter consciência do outro (alteridade), do mundo que o cerca e do transcendente.

Assim sendo, a construção da identidade é um processo educacional constante de ensino-aprendizagem. Aprendemos a cada inspiração e ensinamos a cada expiração. Trazemos para dentro de nós tudo o que o mundo e os outros podem nos oferecer, e respondemos a tudo e a todos. O simbolismo do ar, neste momento, é bem interessante. Quando inspiramos, trazemos ar, ou alimento, para dentro de nós. Neste alimento, encontramos de tudo, coisas boas e más, sentimentos positivos e negativos, sons, aromas, energias e palavras. Quando nos expressamos, por

---

[4] Dialética é um processo em que os contrários se incluem, ou seja, uma contradição inclusiva. Na lógica formal, os contrários excluem-se: uma coisa é uma coisa; outra coisa é outra coisa.

meio de palavras, expiramos, isto é, colocamos o ar para fora. Não conseguimos falar inspirando. O som das palavras ocorre por causa do ar que faz vibrar as chamadas "cordas vocais". Assim, o ar que sai de nossos pulmões carrega nossos sentimentos, emoções, que se transformam em sons, que são articulados em palavras para serem compreendidas pelo outro. Este outro não só ouve o som das palavras, mas, se estiver próximo, inspira o ar que as transporta e com ele vão os sentimentos, aromas, energias. Mas voltemos à identidade.

Responder à pergunta "quem sou?" é uma das tarefas mais difíceis, pois somos formados por muitas personagens (veremos o significado de *persona* mais adiante), reconhecemos que podemos pensar sobre nós mesmos, que podemos conversar como se houvesse alguém dentro de nós. Tudo isso é possível também graças à consciência.

Consciência

A consciência é um atributo humano que permite a ele, ser humano, *re*-conhecer quem é (consciência em si e consciência de si), quem é o outro, e perceber que é diferente dele (consciência do outro), saber do mundo em que se está inserido e da existência de um transcendente. Além disso, a consciência mostra-nos nossas emoções.

> De um modo ainda mais imperioso, talvez a consciência seja a função biológica crítica que nos permite saber que estamos sentindo

tristeza ou alegria, sofrimento ou prazer, vergonha ou orgulho, pesar por um amor que se foi ou por uma vida que se perdeu.[5]

A consciência desenvolve-se e modifica-se num processo dialético (contradição inclusiva) de desenvolvimento humano, por meio das relações que são estabelecidas: eu comigo mesmo, pois sou capaz de conversar comigo mesmo, alertar-me de um perigo, criticar-me por um erro ou cumprimentar-me por um belíssimo acerto. Às vezes, fujo de mim para não ouvir uma bronca ou para poder fazer algo, mesmo sabendo que não deveria. A relação com o outro é um dos maiores desafios que enfrentamos, pois quanto mais me relaciono, mais percebo que sou diferente dele, e é o outro que me faz ver isso. O mais terrível é que só o outro pode me ver de uma forma que eu jamais poderei fazê-lo. O consolo é que eu sou o outro para ele. Jean Paul Sartre, em sua peça *Entre quadro paredes* (*Huis Clos*), trabalha a concepção de que os outros são o meu inferno, pois para ele não é possível haver comunhão de idéias. Outro autor, Martin Buber, no entanto, apresenta o outro como aquele com quem estabeleço uma relação de eu-tu, num diálogo amoroso de cumplicidade.

Com o mundo, nossa relação ocorre num crescente e vai depender do tamanho do mundo com o qual posso e quero me relacionar. O mundo traz-me a complexa relação de tempo/espaço que os físicos buscam compreender tanto quanto os filósofos e os psicólogos, trazendo problemas para a língua, que,

---

[5] DAMÁSIO, A. *O mistério da consciência*, p. 19.

por meio dos verbos, tenta colocar as coisas em seus devidos lugares e tempo.

O mesmo se dá com a relação com o cosmos, que amplia nossas possibilidades de vida e tentativas de compreender sua origem, assim como sua direção. Por fim, a relação com o Outro, aquele com quem meu diálogo acontece no silêncio dos meus pensamentos, na minha finita infinitude. Todo esse processo chama-se história.

História

História pode ser compreendida como o processo de construção da identidade (de uma pessoa, de um grupo, de um povo, de uma nação) por meio da consciência (dessa pessoa, desse grupo, desse povo ou dessa nação) em um tempo e espaço.

A história de cada um é, dialeticamente, pessoal e social, uma vez que o sujeito toma consciência da história da humanidade, da história da sociedade em que vive, da história de sua família, incorporando-as, elaborando suas próprias vivências, de maneira pessoal e única. A história da humanidade é a relação entre todas as histórias.

Segundo Carl Gustav Jung, "a nossa mente não poderia, jamais, ser um produto sem história, [...] a mente não é construída apenas pela memória consciente do passado, mas também pela memória inconsciente do desenvolvimento biológico do ser humano".[6]

---
[6] JUNG, C. G. *O homem e seus símbolos*, p. 67.

ATIVIDADES EM SALA DE AULA

Tendo sido apresentados, mesmo que resumidamente, os conceitos de identidade, consciência e história, vamos passar para a descrição das atividades possíveis de serem realizadas em sala, trabalhando-se com os símbolos pessoais.

Vamos apresentar duas formas de lidar com o mesmo assunto:

- *Atividade 1*: Em um círculo formado pelos estudantes, pedir que cada um veja o que tem guardado na bolsa, ou mochila, ou carteira. Quem quiser, pode mostrar para os colegas. Primeiro vem a definição denotativa: que é? Pode ser: um papel; uma foto; uma pétala de flor seca; uma caneta; uma medalha etc. Em seguida a explicação simbólica: que representa (está no lugar do quê?)? Ao explicar, o aluno ficará exposto e aberto à emoção, por isso a necessidade da atenção. O símbolo diz muito de quem somos e de como somos, e fala da nossa história, dos sonhos, medos, desejos, das frustrações e conquistas. Pode-se perguntar, também, se há algum cuidado especial para com o objeto e, com isso, trabalha-se o conceito de ritual. Algumas pessoas gostam de preparar-se antes de tocar no símbolo, como um processo de purificação para não contaminá-lo; outras fazem um minuto de silêncio para recuperar a memória e dar mais vida ao símbolo. Há quem o segure com o cuidado de quem segura a própria vida. Tudo pode ser observado para um comentário posterior.

- *Atividade* 2: Solicitar que cada aluno traga na próxima aula alguma coisa (objeto, foto, bichinho de estimação, brinquedo) que tem guardado e que represente algo muito importante. Em sala, procede-se como na atividade anterior. Cada um apresenta seu símbolo e diz o que ele representa. Novamente, deve ser ressaltada a necessidade de desenvolver o respeito entre todos. Alguns estudantes podem trazer seu travesseiro de criança, como símbolo de proteção materna; temos também aqueles que guardam a foto de um cão que o tenha acompanhado desde pequeno; os brinquedos também aparecem. É importante perceber se há símbolos que já se transformaram em signos e não representam mais nada. Podem aparecer objetos familiares, e é importante que isso ocorra, para que seja explicada a história da família, principalmente aquelas que vieram de outras cidade, estados ou mesmo países.

A partir das exposições feitas pelos estudantes, trabalhar com os conceitos de identidade e de história, mostrando que, ao relatar o significado do símbolo, cada um contou um pouco de sua história pessoal e revelou sua identidade.

A continuidade dessas atividades é trabalhar com os símbolos familiares e grupais, que apresentaremos a seguir. Os símbolos familiares contarão sobre os valores que aquela família guarda, as tradições preservadas e os vínculos estabelecidos entre seus participantes. As fotos dos antepassados, como se vestiam, qual a importância de cada um são formas de recuperar a história e, assim, compreender o presente para projetar o futuro.

BIBLIOGRAFIA SUGERIDA

BOFF, Leonardo. *A águia e a galinha*. 22. ed. Petrópolis, Vozes, 1997.

DAMÁSIO, António. *O mistério da consciência*. São Paulo, Companhia das Letras, 2000.

LELOUP, Jean-Yves. *Caminhos da realização*: dos medos do eu ao mergulho no ser. 12. ed. Petrópolis, Vozes, 1996.

A LINGUAGEM dos símbolos. *Diálogo* – Revista de Ensino Religioso. Paulinas, São Paulo, n. 29, fev. 2003.

III

SÍMBOLOS FAMILIARES E GRUPAIS

OBJETIVOS

- Identificar símbolos grupais ou familiares.
- Compreender o grupo ou a família por meio dos símbolos.
- Desenvolver o respeito ao diferente.

SUBSÍDIOS PARA APROFUNDAMENTO

Assim como cada um guarda seus símbolos, o mesmo acontece com as famílias. A toalha de mesa que a avó bordou para seu enxoval passa, agora, para a neta. Nessa cena, temos vários elementos: quando a avó era moça, os costumes da família diziam que ela deveria preparar seu enxoval, ou seja, a roupa que ela levaria quando se casasse. E ela mesma deveria bordar. O pano bordado pode ser apenas um "tecido com linhas coloridas" e aí estamos no nível dos signos, ou pode representar algo mais, e então entramos no mundo dos símbolos. Que a toalha representa para essa família? Talvez o cuidado com que as mulheres devem tratar seu marido e filhos? Ou que cabe à mulher preparar as refeições? Ou que a casa deve estar arrumada para receber os convidados? Isso tudo vai depender da história de vida das pessoas que compõem este grupo familiar.

Vamos imaginar que a neta, em um domingo, coloque a toalha da avó na mesa do almoço para receber os pais. Um ritual estará em andamento, pois a toalha representa a avó, já falecida, mas presente na memória das pessoas, com todos os seus significados.

Uma outra família possui valores diferentes, que aparecem representados em seus símbolos. Pode ser um grupo de competidores, para os quais seus troféus representam força, coragem e determinação. Uma toalha bordada será apenas um objeto usado para cobrir uma mesa. Essas diferenças, ao serem identificadas, merecem uma atenção especial, para que não ocorra o julgamento. Símbolos não podem ser julgados, mas compreendidos.

Em cada casa, existe um símbolo familiar, basta olhar à sua volta. Pode ser um quadro, um bule de café, uma mesa de jantar, uma poltrona. Tais objetos serão apenas objetos quando vistos por pessoas que não pertencem ao grupo familiar, e constituirão símbolos para a família.

Os símbolos grupais revelam a identidade do grupo e terão vida enquanto forem alimentados e o significado do grupo existir. Quando os símbolos morrem, é porque o grupo não tem mais razão de existir e vice-versa. Assim, eles podem dizer de uma época, de um momento em que o estudante era, por exemplo, jogador de futebol de um time de amigos da rua, e hoje, mais velho, nem mais se encontra com os colegas, mas guarda sua camisa de goleiro. Pode ser, também, a camisa do último ano da escola, com assinaturas e mensagens de todos os amigos da classe, que é guardada sem poder ser lavada, apesar das investidas da mãe. A memória tem fundamental importância, pois é ela que guarda os símbolos e relaciona o que é relevante para cada um de nós.

Outros grupos ou "tribos" também possuem seus símbolos. Podemos citar os *punks*, *skinheads*, as patricinhas, os mauricinhos. E dependendo da idade, os grupos são ou só de meninos ou só de meninas, os chamados "Clube do Bolinha" ou "Clube da Luluzinha", conhecidas personagens de histórias em quadrinhos difundidas na década de 1960.

Entre os próprios estudantes deve haver grupos que possuem os seus símbolos. Esses símbolos existirão enquanto o grupo existir, pois, quando o grupo não mais estiver junto, o símbolo morrerá também. Este assunto é muito importante de ser trabalhado, pois traz a noção de nascimento, vida e morte do símbolo.

ATIVIDADES EM SALA DE AULA

As atividades a serem desenvolvidas em sala de aula podem seguir os mesmos procedimentos usados no trabalho com os símbolos pessoais, com a especificidade de estarmos lidando com identidades e histórias familiares. A riqueza é muito grande, pois aparecerão fatos que ocorreram antes de os estudantes da classe nascerem. Tais atividades podem ser integradas com outras disciplinas, visando ao estudo, principalmente, das épocas da vida humana relatadas.

Como proposta, pode ser solicitado que cada estudante descubra na sua família qual símbolo a representa. É um momento interessante para a própria família. O registro da história é uma atividade que pode compor o trabalho em sala de aula. Compreender a história da família proporciona o conhecimento dos seus membros e da pessoa em particular. O estudo do passado traz luz ao presente e dá condições para que se projete o futuro.

BIBLIOGRAFIA SUGERIDA

Jung, Carl Gustav. *O homem e seus símbolos.* Rio de Janeiro, Nova Fronteira, 1964.

Vilhena, Maria Ângela. *Ritos:* expressões e propriedades. São Paulo, Paulinas, 2005.

IV

SÍMBOLO COMO AUXÍLIO SOBRENATURAL DOS HERÓIS

OBJETIVOS

- Compreender as etapas da jornada do herói.
- Entender que o auxílio sobrenatural é um símbolo.
- Perceber que a jornada do herói se assemelha à construção do humano.

SUBSÍDIOS PARA APROFUNDAMENTO

Quem somos? De onde viemos? Por que estamos aqui? Para onde iremos? Qual o sentido, isto é, significado e direção de nossas vidas? Estamos sozinhos no universo? Estas perguntas existem desde que o ser humano iniciou seu processo de busca de identidade. Esse processo foi ocorrendo por meio do desenvolvimento da conscientização, que possibilita a construção da história de cada um e de todos nós. As tentativas de respostas a tais questões clássicas foram o motor da construção de linhas de pensamento e teorias.

Compreendendo que o ser humano nasce inacabado, como nos diz Leonardo Boff,[1] é preciso um processo de construção para que se torne humano. Essa construção é possível, como já dissemos, pois ele é um ser que estabelece relações.

A construção do humano não é uma tarefa fácil; os obstáculos, problemas, as dificuldades são muito grandes e profundos. Por isso podemos dizer que a construção do humano se assemelha à *jornada do herói*.[2] A trajetória de um ser humano é a história de sua vida. Contar sua história é expressar a jornada de um herói.

Estamos relatando histórias constantemente, seja para explicar o que nos ocorreu, seja para confortar alguém que passou por um momento difícil, seja para ninar uma criança ou para entretê-la e ensiná-la. Os contadores de história, em tempos de escravidão, domínio e privação, recuperam a memória da alma e do espírito em nós, tornando viva a esperança de liberdade.

Dessa forma, a linguagem mais apropriada para contarmos uma história é a simbólica, pois por meio de metáforas e de representações expressamos nossas dores e esperanças, dúvidas e crenças, na busca de compreender quem somos, de onde viemos, e qual o sentido da vida. E tal prerrogativa não é exclusiva dos adultos. Desde crianças nos perguntamos, e principalmente questionamos os outros, sobre o porquê de tudo. Por que chove? Por que o sol brilha? Por que sinto dor? Por que tenho de comer espinafre? Quem é Deus? E o diabo? Anjo existe? Por quê?

A proposta é mostrar como a construção do ser humano se assemelha à jornada do herói, e como as histórias infantis e a

---

[1] MURARO, R. & BOFF, L. *Feminino e masculino*, pp. 17-27.
[2] Ver: CAMPBELL, J. *O herói de mil faces*.

história de figuras exemplares podem ajudar na compreensão dessas perguntas e mesmo encaminhar possíveis respostas, marcadamente as que se referem à busca do sentido da vida.

Como já afirmamos, o ser humano nasce inacabado, e ele se faz inteiro, construindo sua humanidade, por meio das relações que estabelece. Inacabado é diferente de ser compreendido como incompleto. Incompleto pressupõe que precisamos do outro ou de algo para nos sentirmos completos e inteiros. Essa visão de mundo traz um complicador: e quando este outro vai embora ou perdemos esse algo? Desmoronamos e desintegramo-nos. As relações de dominação e opressão preferem trabalhar com a idéia de o ser humano ser incompleto, pois, assim, ele poderá ser controlado, dirigido, uma vez que lhe será dado o que lhe falta. Incompleto também é terreno fértil para uma sociedade de consumo que se sustenta no desejo "de preencher o vazio" como sendo eterno, mesmo para as necessidades inventadas. A sensação de vazio deve sempre ser mantida para que se tenha um produto para preenchê-la. Cada vez mais, amplia-se o vazio para que possam ser colocadas mais coisas, sejam elas quais forem. Assim, compreender o ser humano como inacabado possibilita a opção de construirmos a nossa identidade por meio da consciência, escrevendo nossa história.

Para completar os estudos sobre a jornada do herói, precisaremos explicitar alguns conceitos do psicanalista Carl Gustav Jung, uma vez que Campbell o teve como um dos fundamentos para seus trabalhos. Indicaremos, apenas, algumas definições: psique, arquétipo, *self*, ego ideal e sombra. Destacaremos a relação que existe entre o mal e a sombra ao abordarmos os contos de fadas.

Psique

A psique é o mundo interior da experiência humana consciente (ego) e inconsciente (pessoal e coletivo). Ela é física e desenvolve-se com o ser humano (identidade, consciência e história). Esse desenvolvimento segue o crescimento de cada um de nós, por meio das relações que estabelecemos.

Fordham diz que o ego é o conhecimento, o "eu-vontade", o núcleo da consciência, e que o inconsciente pessoal é formado por desejos e ímpetos infantis reprimidos, por percepções subliminares e por inúmeras experiências esquecidas. Pertence, portanto, ao indivíduo.[3]

Para Fordham, "inconsciente coletivo é o material desconhecido de onde emerge a nossa consciência", é um comportamento instintivo, comandado por impulsos para a ação sem motivação consciente, sendo que essa ação instintiva é regular e uniforme para toda a humanidade, o que torna hereditário o inconsciente coletivo.[4]

Essa herança do passado deixa no inconsciente do ser humano uma imagem coletiva arquetípica.

Arquétipo

Arquétipo é uma energia psíquica muito antiga, presente no inconsciente coletivo, que se projeta para nós, no ego, através

---

[3] FORDHAM, F. *Introdução à psicologia de Jung*, pp. 23-24.
[4] FRANZ, M-L von. O processo de individuação. In: JUNG, C. G. *O homem e seus símbolos*, pp. 158-231.

de mitos, sonhos e heróis. Ele nos acompanha há muito tempo e chega até nós, provavelmente, por meio da nossa memória biológica.

Jung diz que

> os arquétipos, ou imagens primordiais, não têm sua origem conhecida e se repetem em qualquer época e em qualquer lugar do mundo, mesmo onde não é possível explicar a sua transmissão por descendência direta. [...] Os arquétipos criam mitos, religiões e filosofia que influenciam nações e épocas inteiras.[5]

Freqüentemente, há um mal-entendido na compreensão de tal conceito que precisa ser explicitado, uma vez que os arquétipos não são determinados quanto ao seu conteúdo. O arquétipo da *mãe*, por exemplo, não está já pronto em cada um de nós. Jung ressalta que

> os arquétipos são determinados apenas quanto à forma e não quanto ao conteúdo. [...] Uma imagem primordial só pode ser determinada quanto ao seu conteúdo no caso de tornar-se consciente e, portanto, preenchida com o material da experiência consciente.[6]

Assim, o arquétipo da *mãe* possui uma forma apenas, mas será preenchido com as experiências concretas de cada um com sua mãe biológica, a mulher que o criou, a avó, a madrasta, se houver, a sogra e todas as mulheres com as quais conviveu e convive. Jung apresenta-nos alguns atributos do arquétipo materno:

---

[5] JUNG, C. G. *O homem e seus símbolos*, pp. 67-82.
[6] Idem. *Os arquétipos e o inconsciente coletivo*, p. 91.

Seus atributos são o "maternal": simplesmente, a mágica autoridade do feminino; a sabedoria e a elevação espiritual além da razão; o bondoso, o que cuida, o que sustenta, o que proporciona as condições de crescimento, fertilidade e alimento; o lugar da transformação mágica, do renascimento; o instinto e o impulso favoráveis; o secreto, o oculto, o obscuro, o abissal, o mundo dos mortos, o devorador, sedutor e venenoso, o apavorante e fatal.[7]

Completando, Jung explica que, embora a figura da mãe seja, de certo modo, universal, sua imagem muda, substancialmente, na experiência prática individual. O mesmo ocorre com o arquétipo paternal, que possui uma forma, na qual será construído um conteúdo a partir das relações estabelecidas. Os atributos paternos são: a lei, *nomos* que tem como fonte a palavra, o conhecimento formal e o grupo social; a ordem; a razão; a coragem; a força; mas também a violência e a destruição.

Self (si-mesmo)

Jung compreende que cada ser humano possui, originalmente, um sentimento de totalidade, um sentido poderoso e completo de si mesmo (*self*). O *self* "designa o âmbito total de todos os fenômenos psíquicos no ser humano. Expressa a unidade e totalidade da personalidade global".[8]

---

[7] Idem, ibidem, p. 92.
[8] JUNG, C. G. *Tipos psicológicos*, p. 442.

Self é o centro regulador do desenvolvimento da psique e a circunferência que abraça o consciente e o inconsciente. É a função que une os contrários.

Self é o arquétipo central e projeta-se em simbolismos que tendem a figuras circulares. É o centro divino da psique.

> O si-mesmo aparece, empiricamente, em sonhos, mitos e contos de fadas, na figura de "personalidades superiores", como reis, heróis, profetas, salvadores etc., ou na figura de símbolos de totalidade, como o círculo, o quadrilátero, a quadratura do círculo, a cruz etc. [...] Empiricamente, pois, o si-mesmo aparece como um jogo de luz e sombra, ainda que seja entendido como totalidade e, por isso, como unidade em que se unem os opostos.[9]

Ego ideal

O ego ideal é formado pelos ideais ou padrões (sociais, familiares e religiosos) que modelam o desenvolvimento do ego de uma determinada época e espaço. Dentre os padrões estabelecidos pela sociedade, cada um de nós seleciona aqueles que respondem às necessidades dos papéis que representa nas diferentes fases de seu desenvolvimento: ser filho(a); estudante; namorado(a); profissional; pai; mãe; amigo(a) etc. Para cada uma dessas funções, usamos uma *persona*, que é uma máscara que vestimos quando saímos para encontrar com o mundo e as pessoas. *Persona (per sonare)* significa soar, manifestar-se através de.

---
[9] Idem, ibidem, p. 443.

É o que usamos para nos comunicar. Nós nos comunicamos por meio da máscara.

Há uma atenção, porém, para o uso da máscara. Ao vestirmos uma, é necessário seguir um ritual para que ela não grude em nosso rosto e, assim, percamos a nossa identidade. O ritual ocorre quando colocamos e retiramos a máscara. Vamos imaginar um ator que, antes de entrar em cena, concentre-se, faça sua maquiagem, vista roupas especiais, pois vai comunicar-se com o público por meio de uma personagem. Ele não é a personagem, apenas a representa. Quando termina o espetáculo, esse ator desfaz-se da sua máscara, retira a maquiagem, despe-se das roupas que não são suas, pois pertencem à personagem, e volta a ser o ator.

A nossa identidade é formada por uma série de máscaras que usamos dependendo do papel que representamos no momento. Na maioria das vezes, o roteiro desse papel é dado pela sociedade ou pelo grupo social ao qual pertencemos. Tal roteiro é o ego ideal, pois mostra como a sociedade ou o grupo social espera e deseja que seja nosso comportamento. Tudo aquilo que não corresponde a esse padrão de comportamento faz parte da sombra.

Sombra

Sombra é a parte reprimida de nós mesmos. É o nosso lado escuro, ameaçador e indesejado, formado a partir de todos os desejos e emoções incompatíveis com os padrões sociais (ego ideal), por todos os nossos fracassos. Tudo aquilo que é rejeitado pelo ego ideal é recolhido pelo inconsciente, construindo a sombra. Existem sombras no inconsciente individual e no inconsciente coletivo. A sombra, segundo Jung, é um dos arquétipos mais importantes do inconsciente pessoal. Portanto, é uma energia psíquica que possui a forma para receber um conteúdo, que pode ser o que rejeitamos ou é rejeitado em nós. Por exemplo: desde que acordamos até o momento em que chegamos à escola, passamos por uma série de situações. Algumas damos conta de resolver; outras, no entanto, mal conseguimos compreender, principalmente aquelas das quais não gostamos e reprimimos. Pode ser um acidente em que há uma vítima e do ônibus em que estamos não conseguimos ver direito; só conseguimos perceber que se trata de uma senhora, pois pudemos ver parte de seu corpo. Não dá tempo de trabalharmos esse evento conscientemente, pois estamos a caminho da escola, devemos descer no próximo ponto, já estamos atrasados. Essa sensação vai para a sombra, com os receios e medos, seja da nossa morte, seja da morte de alguém próximo, por exemplo.

Robert Bly fala-nos de uma "comprida sacola que arrastamos atrás de nós" para explicar o significado da sombra e diz que "cada cultura enche a sacola com conteúdos diferentes [...]. Passamos nossa vida, até os vinte anos, decidindo quais as partes de nós mesmos que poremos na sacola e passamos o resto da vida tentando retirá-las de lá".[10]

Retomaremos o conceito da sombra quando tratarmos do mal nos contos de fadas, uma vez que esse mal pode aparecer na

---

[10] BLY, R. A comprida sacola que arrastamos atrás de nós. In: ZWEIG, C. & ABRAMS, J. (Orgs.). *Ao encontro da sombra*, p. 31.

figura da bruxa, do lobo e de monstros, pois os contos de fadas são a expressão mais pura e simples dos processos psíquicos do inconsciente coletivo.

Etapas da jornada do herói

O herói, segundo J. Campbell, representa a evolução que caminha da imaturidade psicológica para a coragem da autorresponsabilidade e a confiança. Numa linguagem junguiana, é o rompimento do arquétipo parental, é o momento da consciência do ego. É quando o jovem precisa sair de casa para enfrentar a vida. Esse momento do herói possui importância fundamental para o desenvolvimento do ego tanto no aspecto individual — maturidade, separação da mãe e do pai, encontrando energia em si mesmo e seguindo em frente —, como no aspecto coletivo — conscientização de um grupo, de uma comunidade e da humanidade. O herói constitui um modelo ao qual recorremos em momentos de crise, por isso, também, a necessidade da repetição para a aprendizagem.

O *nascimento do herói* possui um duplo aspecto — humano e divino. Quando isso não ocorre já no nascimento, há um momento de encontro com o divino ou a presença de um mentor com características "divinas". A *infância do herói* carrega, ainda, a proteção dos pais ou de guardiões. Quando ele rompe essa proteção, inicia sua trajetória.

A jornada do herói representa a nossa jornada pessoal, e, quando lemos ou assistimos a um filme ou peça de teatro que relata a história de alguém, herói ou não, procuramos encontrar nela respostas para os nossos próprios desafios e problemas. E assistimos várias vezes ao mesmo filme ou lemos repetidas vezes o mesmo livro para aprender a lidar com os nossos problemas e obstáculos. Aprendemos com os heróis, pois identificamo-nos com eles na busca de nossa própria identidade. Para as crianças e adolescentes, o herói representa, simbolicamente, uma amostra do que irão encontrar pela vida. Portanto, as histórias infantis, que na sua origem não eram destinadas para crianças, tanto os contos de fadas como as jornadas dos heróis, contêm, pedagogicamente, processos de ensino-aprendizagem.

Tudo começa com o *chamado da aventura*. É a primeira etapa da *partida*. O chamado refere-se a tudo o que desestabiliza a situação em que o herói se encontra. A personagem está tranqüilamente em sua casa, ou em um lugar que lhe é muito familiar, ou fazendo coisas que sempre fez a vida toda e algo ocorre para mudar tudo. Quando há o chamado da aventura, na verdade, é um chamado para enfrentarmos a vida, e pode ser, por exemplo, o momento em que temos de ir para a escola pela primeira vez. A primeira reação é de *recusa* ao chamado, segundo momento da partida: não vou, não tenho nada a ver com isso, estou muito bem aqui em casa, isto é problema dos outros, não tenho capacidade para enfrentar, não consigo etc. Ao recusar, torna-se vítima do destino, perde o poder da ação significadora, o herói fica prisioneiro do tempo e do espaço e não se torna sujeito de suas próprias decisões; ele perde sua autonomia (*auto* = próprio + *nomus* = lei). As decisões passam a ser tomadas pela vida que o conduz e ele não mais conduz sua própria vida. Segundo Leonardo Boff, "se a pessoa não obedecer ao chamado do real, não será fiel ao tempo, nem a ela mesma. E perderá a chance de criar um centro fecundo, convergência das duas escutas: da natureza exterior e da natureza interior".[11]

Ao recusar, normalmente, algo ocorre de muito grave, por vezes a morte de alguém muito próximo ou a perda de um amigo, ou ainda a doença grave de um ser amado. Esse fato tem a função de impulsionar o herói a reagir e responder positivamente ao chamado da aventura.

Ao aceitar o chamado e romper com o arquétipo parental, o herói inicia sua trajetória. Nesse terceiro momento, ele recebe de uma figura protetora o *auxílio sobrenatural* para superar as provas e obstáculos. Esse auxílio pode vir em forma de um amuleto, de um instrumento dotado de uma força sobrenatural que irá proteger o herói durante sua trajetória. Tal auxílio é, na maioria das vezes, dado por um ancião ou uma anciã em quem o herói confia.

> Essa figura representa o poder benigno e protetor do destino [...] o poder protetor está, para todo o sempre, presente no santuário do coração, e até imanente aos elementos não-familiares do mundo, ou apenas por trás deles. Basta saber e confiar, e os guardiães intemporais surgirão. Tendo respondido ao seu próprio chamado, e prosseguindo corajosamente conforme se desenrolam as conseqüências, o herói encontra todas as forças do inconsciente ao seu lado.[12]

---

[11] BOFF, L. *A águia e a galinha*, p. 104.
[12] CAMPBELL, J. *O herói de mil faces*, p. 76.

De posse do auxílio sobrenatural, o herói precisa passar pelo *primeiro limiar*. Retomando o exemplo da primeira ida à escola, encontramos nossa criança com medo de enfrentar o desconhecido. Tudo, para ela, assume dimensões monstruosas e apavorantes. Para amenizar, a mãe, a avó ou alguém mais velho e querido dá-lhe um amuleto, que pode ser uma fraldinha de pano ou um ursinho, a lancheira ou um brinquedo qualquer que a criança não larga de jeito algum. Pode estar sujo, amarrotado, quebrado, mas possui uma força sobrenatural. Não podemos tocar ou retirar da criança o objeto que ela traz de casa em momento nenhum, pois representa, simbolicamente, a força de sua casa, aquilo que lhe dá segurança e referência. Um dia, quando a criança esquecer esse símbolo no meio do pátio da escola e não mais se interessar por ele, o objeto será apenas um objeto.

No limiar que separa o mundo conhecido do mundo desconhecido, está o *guardião*. O guardião conhece tudo dos dois mundos e sabe o que o herói deve fazer, e saberá se ele o enganar, não cumprindo as tarefas. Normalmente, o guardião é uma figura grande, não muito agradável, chegando a ser horripilante para o herói.

> Esses defensores guardam o mundo nas quatro direções — assim como em cima e em baixo —, marcando os limites da esfera ou horizonte de vida presente do herói. Além desses limites, estão as trevas, o desconhecido e o perigo, da mesma forma como, além do olhar paternal, há perigo para a criança e, além da proteção da sociedade, perigo para o membro da tribo.[13]

---

[13] Idem, ibidem, p. 82.

No nosso exemplo, o guardião é a pessoa que fica na porta da escola (limiar), recebendo as crianças que chegam, indicando a classe para a qual devem ir. Para a criança, essa pessoa, provavelmente, possui uns cinco metros de altura, uns dois metros de largura, é horripilante, com voz de trovão. O guardião conhece a escola (mundo desconhecido da criança) e o mundo de fora, assim como os pais da criança (mundo conhecido da criança). Além disso, sabe as regras que a criança deve seguir, o que pode e o que não pode ser feito e as conseqüências.

J. Campbell apresenta-nos o último momento da partida como sendo *o ventre da baleia*. "A idéia de que a passagem do limiar mágico é uma passagem para uma esfera de renascimento é simbolizada na imagem mundial do útero, ou ventre da baleia."[14]

Assim, o herói transpõe o primeiro limiar e entra no ventre da baleia, que representa todo o espaço em que ocorrerão as transformações para que, ao retornar, ele renasça. Pode ser o deserto, a selva, o fundo do mar, uma terra estranha. No nosso exemplo, o ventre da baleia está representado na escola, pois é o lugar em que a criança passará pelas mudanças e crescerá. "Portanto, alegoricamente, a entrada num templo e o mergulho do herói pelas mandíbulas da baleia são aventuras idênticas; as duas denotam, em linguagem figurada, o ato de concentração e de renovação da vida."[15]

Toda transformação pela qual o herói irá passar o tornará diferente, havendo um renascimento. A história do livro de Jonas[16]

---
[14] Idem, ibidem, p. 91.
[15] Idem, ibidem, p. 93.
[16] LELOUP, J. Y. *Caminhos da realização*, p. 22.

ilustra essa imagem arquetípica do ventre da baleia. Jonas recusa-se a ir a Nínive pregar, como Deus havia mandado. Ele foge de barco para Társis. Deus lança um grande vento sobre o mar.

E houve uma tempestade tão grande que todos pensaram que o barco iria naufragar. Os marinheiros tiveram medo e rezaram, cada um a seu deus. [...]

Entretanto Jonas tinha descido ao porão do navio e ali se deitado, dormindo um sono profundo. O capitão foi procurá-lo e disse-lhe: "Como podes dormir tão profundamente? Como podes dormir no meio deste desespero que nos faz sucumbir? Levanta-te, desperta, invoca teu Deus. Talvez esse teu Deus possa ouvir-nos, talvez, com esse teu Deus, não pereçamos".

O tempo passou. E então disseram uns aos outros: "Nós não vemos uma solução. Joguemos os dados para sabermos por que este mal nos acontece". Eles lançaram os dados e caiu a sorte sobre Jonas. [...] Jonas disse-lhes: "Peguem-me e lancem-me ao mar". Ele reconheceu que era a própria causa do que lhes acontecia. [...]

Os homens puseram-se a remar, energicamente, em direção à costa, e não conseguiam chegar porque o mar se agitava cada vez mais contra eles. Então clamaram Àquele que É, dizendo: "Por favor, Senhor, não nos faças perecer por causa deste homem...". Eles pegaram Jonas e o lançaram ao mar. E o mar acalmou a sua fúria. [...]

Nesse momento, Aquele que É preparou um grande peixe para engolir Jonas. E Jonas esteve nas entranhas do peixe durante três dias e três noites. Nas entranhas do peixe, Jonas rezou a seu Deus, rezou àquele de quem fugiu, e de onde não mais podia fugir. [...] E no momento em que Jonas aceitou o desejo que habitava nele, quando escutou a voz que estava nele, o peixe o vomitou sobre a terra firme.[17]

A figura da baleia também aparece na história infantil *Pinóquio*, na qual um boneco de madeira, que se desviou de sua jornada, precisou entrar no ventre de uma baleia para salvar seu pai, Gepeto, e renascer como um menino de verdade. Esse renascimento, com a ajuda da Fada Azul, só foi possível depois que Pinóquio reconheceu seu erro e retomou sua jornada. Toda vez que não atendemos ao chamado da nossa vida, algo acontece para alertar-nos do que estamos fazendo.

Temos, agora, uma nova etapa — *a iniciação*. Dando início à trajetória, o herói tem pela frente várias fases, pelas quais pode ou não passar. O caminho percorrido é repleto de obstáculos e batalhas, nos quais a vida e a morte estão em constante luta. O primeiro momento é o *caminho das provas*.

Os obstáculos vão aparecendo, um após o outro, e a cada vitória o herói se fortalece. Para a nossa criança, os obstáculos são: a nova classe, os colegas, as regras de convivência, as informações que precisam ter significado para serem transformadas em conhecimento e, o mais difícil de tudo, a avaliação. Aqui, o auxílio sobrenatural, o amuleto, tem importância fundamental.

Uma história infantil retrata muito bem isso: *Dumbo*, na versão de Walt Disney para o cinema. Dumbo nasceu com as orelhas maiores que as consideradas normais para um elefante, portanto era um elefantinho diferente. Ao ser ridicularizado, e depois de um grande engano, sua mãe foi considerada louca,

---
[17] Idem, ibidem, p. 22.

sendo presa. Por uma estratégia de seu protetor, o ratinho Timóteo, Dumbo acredita que pode voar graças a um amuleto — a pena de um pássaro. No dia em que deveria se apresentar ao público do circo junto com os palhaços, lançando-se de uma escada muito alta em direção a uma tina de água, bem no início do vôo, Dumbo perde a pena. O elefantinho desespera-se, mas seu protetor avisa que ele voa por causa das orelhas e não por causa da pena. Assim, Dumbo descobre que sua força vem dele mesmo e não do amuleto. Este é um dos momentos mais importantes, tanto da história infantil como do crescimento da criança, isto é, a conquista da autoconfiança. A criança não precisa mais do cobertor, do ursinho, e deixa-o no chão da escola ou esquece-o em um lugar qualquer. A criança descobre sua própria força e inicia sua autonomia.

J. Campbell apresenta, em seguida, algumas etapas que, por vezes, não aparecem em todas as jornadas. Uma delas diz respeito ao *encontro com a deusa*. Essa etapa aparece nas histórias em que há uma mulher, às vezes uma princesa, e o herói encontra-se com ela para seu teste final. "O encontro com a deusa (que está encarnada em toda mulher) é o teste final do talento de que o herói é dotado para obter a bênção do amor (caridade: *amor fati*), que é a própria vida, aproveitada como o invólucro da eternidade."[18] Casando com a deusa, o herói se torna o rei de tudo.

Na seqüência, temos *a mulher como tentação*. Na verdade, é a tentação personificada em mulher ou em serpente, símbolo feminino da transformação. Em muitas histórias, a mulher apa-

---
[18] CAMPBELL, J. *O herói de mil faces*, p. 119.

rece para desviar o herói de suas tarefas. Podemos compreender, porém, tal etapa como sendo qualquer tentação que tira o herói de seu caminho. É a brincadeira que aparece quando a criança precisa estudar; é o colega que atrapalha a concentração durante um exercício; é o desejo sobrepondo-se aos deveres; é o cansaço chamando para o descanso. Na jornada do herói, há dois tipos de tentação: a da carne, exercida pela sedução; e a do espírito, pelo poder. Em qualquer uma delas, o herói precisa lutar para retornar às suas tarefas. Sua vontade de superar um obstáculo deve ser maior do que o desejo de largar tudo para divertir-se.

Uma das etapas mais significativas e que diz respeito à identidade do herói é a *sintonia com o pai*. Na maioria das histórias, tal etapa está presente. Ou o herói não conhece o pai e sai em busca dele (*Luke Skywalker*, que busca o pai para trazê-lo de volta para o lado claro da Força; *Super-Homem*, que vai à procura da sua identidade e a encontra na fortaleza que seu pai construiu para ele), ou inicia sua jornada para resgatar o pai que foi raptado, ou, ainda, vai vingar a morte do pai (*Robin Hood; Batman; Rei Leão*).

> O problema do herói que vai ao encontro do pai consiste em abrir sua alma além do terror, num grau que o torne pronto a compreender de que forma as repugnantes e insanas tragédias desse vasto e implacável cosmos são completamente validadas na majestade do ser. O herói transcende a vida com sua mancha negra particular e, por um momento, ascende a um vislumbre da fonte. Ele contempla a face do pai e compreende. Assim, os dois entram em sintonia.[19]

---
[19] Idem, ibidem, p. 142.

Na história do *Rei Leão*, somente quando Simba entra em sintonia com o pai, e se reconhece nele, é que recupera sua própria identidade de rei. Encontrar seu pai nas estrelas e ver sua fisionomia confundir-se com a dele nas águas é uma representação simbólica forte, uma vez que a água, para os psicólogos, representa o inconsciente coletivo.

Quando o herói consegue vencer todas as provas, acontece a *apoteose*. Ele conseguiu cumprir sua missão, venceu seus medos, monstros, perigos e está pronto para receber a *bênção última*, que representa a energia de vida. Ele agora está preparado para retornar.

> Terminada a busca do herói, por meio da penetração da fonte, ou por intermédio da graça de alguma personificação masculina ou feminina, humana ou animal, o aventureiro deve, ainda, retornar com o seu troféu transmutador da vida.[20]

Porém, o *retorno* é um dos momentos mais difíceis para o herói. Tanto que, em um primeiro instante, há a *recusa do retorno*, pois o herói nega-se a comunicar seus feitos. "Mesmo Buda, após seu triunfo, duvidou da possibilidade de comunicar a mensagem de sua realização."[21] Ele teme que não acreditem nele, que seja ridicularizado e que zombem dele. Afinal de contas, ele saiu de um jeito e está voltando completamente diferente. Ele será aceito? Ele aceitará os outros? Há uma mudança interna que ocorreu — o herói conquistou sua autonomia. Como alguém, uma criança tão pequena, pois era assim que era visto, foi capaz de vencer os desafios tão grandes da vida?

---

[20] Idem, ibidem, p. 195.
[21] Idem, ibidem.

Mais uma vez, retomamos o exemplo de nossa criança na escola. As mudanças que ocorrem nela são muitas: ela aprendeu uma série de coisas; conheceu outras pessoas; sabe fazer desenhos que antes não sabia e aprende a ler e a escrever. Nesse momento, ela se modifica, vence suas batalhas e está diferente, mesmo que, exteriormente, aparente ser a mesma criança. Será que sua família vai acreditar que ela conseguiu acertar todos os exercícios de matemática? E se eles não acreditarem?

Porém, quando o troféu é obtido com a oposição dos guardiões, ou quando o herói engana o guardião para obter o troféu, ocorre a *fuga mágica*. O herói foge, pois ele trapaceou e o guardião sabe. Ele cabulou a aula, e o bedel viu. Ele contratou alguém para buscar a flor mágica que salvaria a princesa e, na verdade, o herói verdadeiro é quem conquistou o troféu com honestidade e dignidade. Quando o "herói" trapaceia, ele não pode passar pelo limiar do retorno e precisa fugir.

Antes do retorno, por vezes o herói não consegue superar os obstáculos e sucumbe ao perigo. Nesse instante, ocorre o *resgate com auxílio externo*, que é quando o mundo exterior tem de ir ao encontro do herói para recuperá-lo, pois ele não foi capaz de cumprir as tarefas. Ele pode ter ficado preso, ou doente, ou sem forças para continuar. Os amigos aparecem, agora, para resgatar o herói.

A última crise a qual o herói tem de enfrentar é a *passagem pelo limiar do retorno*, que o leva do reino místico à terra cotidiana. Trata-se do momento mais difícil, no qual o herói precisa reunir todas as suas forças. Ele tem dúvidas sobre seu retorno, teme comunicar seus feitos; não sabe se sobreviverá ao impacto do retorno, pois voltará a uma vida "normal", diferente de tudo o que vivera como herói. Seus amigos irão reconhecê-lo? Ele ainda terá amigos no lugar de onde saiu? Ele mesmo os considerará amigos? Isso ocorre muito com estudantes que saem das cidades onde nasceram e vão estudar em outro lugar. Quando retornam, passam por tal crise.

Superada a crise, nosso herói torna-se *Senhor de dois mundos*, do mundo conhecido e do mundo desconhecido. O herói tornou-se mais do que humano e com isso conquista a *liberdade para viver*, ou seja, autonomia e liberdade para realizar escolhas.

Assim, ao término de sua jornada, o herói retorna modificado. Essas mudanças ocorrem no mundo interior do herói e assemelham-se à construção do ser humano.

Espécies de herói

J. Campbell estabelece uma tipologia para os heróis:[22]

- *Herói guerreiro:* nasce do ponto central do mundo, do mesmo lugar de onde vieram as montanhas — centro dos planetas. Nesse lugar existe o maior núcleo de força concentrada do universo. O herói guerreiro é aquele que participa das finalizações das tarefas. Nas histórias infantis, temos o *He-Man*, herói dos desenhos animados, que está presente nas lutas com os asseclas do *Esqueleto*.
- *Herói como amante:* a amada é a complementação do herói. Na ausência de um, não existe nenhum dos dois. Para que o herói consiga conquistar a mulher amada, é necessário que ele saia

---

[22] Idem, ibidem, pp. 322-339.

vitorioso nas tarefas e que mate o dragão (representa o pai da amada, símbolo da lei e da ordem estabelecida). Os testes pelos quais deve passar representam a recusa dos pais em entregar sua filha ao herói. Este herói está presente também nos contos de fadas, como *A bela adormecida*, *Cinderela* ou *Branca de Neve*, em que as heroínas só existem em função dos príncipes. Para que tenhamos um ser humano completo, é necessária a existência dos dois. Se um não existe, o outro também não existirá.

- *Herói como imperador e tirano:* como imperador, representa a ação e é o agente no desenrolar da aventura. Sua noiva é a espada. Como tirano, representa a lei, e é aquele que dá continuidade ao que já existia; mantém a ordem. Seus símbolos são o cetro ou o livro da lei. Um história que ilustra este tipo de herói é *Highlander*, que tem a espada como sua companheira e é ela que permite que ele sobreviva, cortando a cabeça de outros seres.

- *Herói como redentor do mundo:* ou ele retorna como emissário dos deuses ou com a idéia de que ele e Deus constituem um só ser. Um exemplo de herói redentor pode ser encontrado em Jesus Cristo, que morreu na cruz para salvar o mundo e que, com Deus Pai e o Espírito Santo, forma uma unidade.

- *Herói como santo:* renuncia ao mundo, pois pertence ao plano superior. Vive em um lugar solitário, meditando e feliz com o pouco que possui. São os heróis que se afastam do mundo para continuar sua missão. Encontramos na biografia dos santos uma referência a esta tipologia.

Um ponto a ser comentado é a morte do herói, pois, por tratar-se do último ato de sua biografia, é o que dá sentido à vida. Assim, o herói não morre como os seres humanos normais, ele se dissolve. Como exemplo, podemos citar a morte do deputado federal Ulisses Guimarães, conhecido como o *Senhor Diretas-Já* (por ter encabeçado o movimento que exigia o retorno do Brasil à democracia via voto popular direto), que desapareceu em um acidente de helicóptero, no dia 12 de outubro de 1992, dia de Nossa Senhora Aparecida, padroeira do Brasil.

ATIVIDADE EM SALA DE AULA

Seguindo a sugestão de Leonardo Boff de alguns heróis, heroínas ou figuras exemplares — como Jesus de Nazaré, são Francisco de Assis, Dalai-Lama, Mahatma Gandhi, madre Teresa de Calcutá, Edith Stein, o profeta Muhammad, Buda, Martin Luther King, Marçal — cacique guarani assassinado —, e, individualmente ou em pequenos grupos, escolhendo uma dessas figuras ou alguém da família (se for um trabalho individual), identificar as etapas da jornada do herói. Mostrar como era o herói antes e depois da jornada, para compreender por que a jornada do herói assemelha-se à construção do ser humano. Lembrar que nem todas as etapas aparecem em todas as jornadas, mas que, com certeza, teremos: a chamada da aventura, a recusa, o protetor que dará o auxílio sobrenatural, a figura do guardião no limiar dos dois mundos, as provas ou obstáculos, a tentação para tirar o herói do caminho, o término (apoteose) das provas e o difícil retorno.

Assim, a atividade deve ter as seguintes partes:
- *Introdução*: explicita que a construção do ser humano se assemelha à jornada do herói. Para tanto, o trabalho

será dividido em partes. Numa primeira parte, serão explicitadas as etapas da jornada do herói. Em seguida, será apresentada a narrativa (aqui, o estudante coloca o nome do herói). Numa segunda parte, aplicam-se as etapas na narrativa, identificando-as. Por fim, na conclusão, explica-se por que a jornada do herói assemelha-se à construção do ser humano.

- *Desenvolvimento*: são descritas as etapas da jornada do herói — descrição dos conceitos —, é apresentada a narrativa da biografia escolhida e feita a identificação das etapas da jornada na narrativa.
- *Conclusão*: explica-se por que a jornada do herói assemelha-se à construção do ser humano. É a parte mais importante do trabalho, já que constitui o espaço em que o estudante apresentará se compreendeu ou não a atividade e poderá expressar a assimilação dos conteúdos estudados. Proponho que as partes anteriores sejam discutidas, podendo ser até elaboradas em grupo, e que, necessariamente, a conclusão deva ser feita individualmente.
- *Bibliografia*.

BIBLIOGRAFIA SUGERIDA

CAMPBELL, Joseph. *O herói de mil faces*. 10. ed. São Paulo, Cultrix/Pensamento, 1997.
Coleção *Testemunhas* de Paulinas Editora.

V

O MAL NOS CONTOS DE FADAS

OBJETIVOS

- Compreender o mal como sombra.
- Identificar as representações (símbolos) do mal nos contos de fadas.

SUBSÍDIOS PARA APROFUNDAMENTO

Ao tratarmos de religiosidade e de religiões, um tema está sempre presente: o *mal*. Excluí-lo não é uma saída adequada e enfrentá-lo não é nada fácil. A proposta é trabalharmos o *mal* como sendo uma *sombra*, usando a definição junguiana, encontrada em Sanford.

Como é a relação entre o *bem* e o *mal*? É uma luta pessoal, social, universal? Há visões que estabelecem que ou possuímos as características consideradas como sendo do *bem*, e aí nos comportamos de maneira a não prejudicar o próximo, nunca, ou possuímos as características do *mal* e, sempre, estaremos com a destruição nas mãos e nos atos. A visão de mundo e de ser humano que contém essa compreensão, e com ela compartilha, vê o ser humano ausente de contradições. O que prevalece é a dicotomia entre o *bem* e o *mal*. Ou um, ou outro. A existência de um pressupõe a exclusão do outro, não havendo a possibilidade de convivência mútua.

A partir dessa concepção, como compreender alguém que, tendo se comportado, sempre, tão bem, de repente se transforme, com um ataque de ódio, quebrando tudo o que vê pela frente, batendo porta, chutando lata, pensando em "matar" aquele coleguinha de classe que pegou seu brinquedo. Na maioria das vezes, a resposta é dada por meio de "algum mal" que, "vindo de fora", apodera-se do ser indefeso: "Não sei como aquilo pôde acontecer, não parecia eu; jamais fiz ou pensei tais coisas". De uma certa forma, essa maneira de analisar tranqüiliza e até resolve, pois caracteriza tal situação como sendo excepcional, "Não vai acontecer de novo", "o mal existe fora de mim". Será?

Na perspectiva de compreender essa realidade de uma maneira que busca mais a totalidade do ser do que apenas a sua abrangência, John Sanford, no seu livro *Mal: o lado sombrio da realidade*,[1] apresenta o ser formado e *de*-formado através de um processo no qual está presente a contradição da luz e da sombra, do visível e do invisível, do *bem* e do *mal*. Essas contradições são a matéria-prima sobre a qual se constrói a vida/morte. O *bem* e o *mal* não aparecem como características externas a nós e excludentes, mas como elementos de uma mesma realidade dialética: luz/sombra, Deus/diabo, médico/monstro.

O autor pretende "tratar o mal da perspectiva do inconsciente, relacionando com a tradição cristã e os ensinamentos bíblicos".[2]

---

[1] SANFORD, J. *Mal: o lado sombrio da realidade* (resenha publicada na revista *Síntese*).
[2] Idem, ibidem, p. 10.

Para exemplificar melhor suas proposições, o autor recorre a Jesus e Paulo, que abordaremos mais adiante, e ao romance inglês *O médico e o monstro*, de Robert Louis Stevenson. Vale ressaltar o instigante estudo feito sobre o conflito humano narrado neste romance. Sanford recorre aos originais de Stevenson para analisar a sombra monstruosa do médico. Essa mesma relação pode ser estabelecida com a figura dos quadrinhos *Hulk*.

Sanford termina seu livro apontando um sério problema da Igreja cristã:

> A atitude tradicional cristã, como tem sido mediada pela Igreja, é a rejeição absoluta. Recusou aceitar o lado sombrio da personalidade, rejeitando o lado obscuro do si-mesmo. Insistiu num modelo de perfeição e não reconheceu a necessidade ou até o valor da totalidade que é obtida através da imperfeição, e não da perfeição.[3]

Segundo o autor, essa atitude só "aumentou o mal ao direcionar partes da personalidade para um estado de ruptura". Sanford propõe que "a atitude cristã convencional deve voltar-se para uma retomada e considerar a necessidade da redenção daquilo que caiu nas mãos do mal, ainda que isso envolva uma descida à perigosa dimensão do inconsciente".[4]

Também abordando o problema do mal, travestido nas drogas, Lídia R. Aratangy,[5] fazendo um paralelo com o conto de fadas *A bela adormecida* e recuperando a concepção de que o mal existe apenas fora de nós, comenta o que ocorre quando os pais (rei)

---

[3] Idem, ibidem, p. 194.
[4] Idem, ibidem.
[5] ARATANGY, L. *Doces venenos*: conversas e desconversas sobre drogas.

tentam negar para os filhos (princesa) a existência do mal (bruxa), na esperança de afastar deles qualquer perigo, qualquer sombra, imaginando, assim, estarem protegendo-os. Como se pudéssemos nos proteger de nós mesmos dessa forma. Colocar os filhos em uma redoma de vidro, ou levá-los para longe, não os afasta das drogas, da violência. Ao contrário, não sabendo como lidar com isso, experimentam e podem não conseguir superar o que encontram.

Somos, a cada momento, uma nova síntese, resultado de uma nova contradição. Na relação entre os contrários, não há a exclusão, mas a inclusão. Não é um somatório onde, no resultado, prevalece o mais forte. Trata-se de uma relação que as leis da matemática não são suficientes para resolver. Só a vida, na contradição com a sua própria morte, pode compreender. "Não somos nós que curamos a neurose; é ela que nos cura [...]. O que realmente está errado, o que realmente está doente, é a maneira equivocada com a qual encaramos a vida, assim como o desenvolvimento distorcido dos nossos egos."[6]

Completam esse estudo sobre o mal outras obras de Sanford: *Parceiros invisíveis* e *Os sonhos e a cura da alma*, ambas da Paulus.

Para ampliar a explicação sobre o mal e a sombra, recorreremos a dois exemplos: um em Paulo e outro nos contos de fadas.

O mal e a sombra em Paulo

Não se trata de uma análise aprofundada, mas a indicação da relação entre sombra e o mal em Jesus, Paulo e a sombra.

---
[6] SANFORD, J., op. cit., p. 46.

Retomando o conceito de sombra, em Sanford, temos o termo "sombra", como conceito psicológico, referindo-se ao lado escuro, ameaçador e indesejado da nossa personalidade. O autor afirma que nossa tendência, no desenvolvimento de uma personalidade consciente, é buscarmos incorporar uma imagem daquilo que gostaríamos de ser. As qualidades que pertenceriam a essa personalidade consciente, mas que não estão de acordo com a pessoa que queremos ser, são rejeitadas e vêm a constituir a "sombra".

Completando sua definição, o autor recorre a Edward C. Whitmont, para quem

> o termo "sombra" se refere à parte da personalidade que foi reprimida por causa do "ego ideal" [...] formado pelos ideais ou padrões que modelam o desenvolvimento do ego ou a personalidade consciente. Esses ideais do ego podem ser frutos da sociedade, da família, dos grupos com os quais se convive ou as regras religiosas.[7]

Para compreender a sombra em Paulo e Jesus, será necessário acrescentar a noção de culpa e a negação da sombra. Sanford escreve que um dos motivos da nossa resistência em chegar à sombra é a culpa que isso engendra. A Igreja Católica tem trabalhado com a culpa para afastar os católicos da sua sombra, encarada como a manifestação do *mal*, do pecado. Essa postura que privilegia o *bem* traz conseqüências: "se nos direcionamos somente para sermos bons e perfeitos, tornamo-nos odiáveis, já que muito da energia vital em nós é negada. Por essa razão, não

---

[7] Idem, ibidem, p. 64.

há pessoas mais perigosas na vida do que aquelas que decidiram fazer o bem".[8]

Para analisar a sombra em Jesus, Sanford recorre ao conceito de *persona*, como "a máscara que usamos quando saímos para o confronto com o mundo e as outras pessoas".[9] Continua explicando que a *persona* também pode ser o "órgão da personalidade através do qual expressamos certas coisas a respeito de nós mesmos para os outros".

Segundo o autor, Jesus tinha consciência tanto da *persona* como da sombra. Para sustentar essa afirmação, recorre a Lc 18,18-19,

> onde o jovem rico vem a Jesus com uma pergunta: "Bom Mestre, que devo fazer para herdar a vida eterna?" Jesus responde: "Por que me chamas de bom? Ninguém é bom, senão Deus". Fica claro que Jesus percebeu que a *persona* de ser bom estava sendo-lhe entregue, e ele a devolveu imediatamente.[10]

Quanto à sombra, Jesus dá-nos algumas sugestões de como lidar com ela sem a negar, mas integrando-a, neste versículo de Mateus (5,24):

> Assume logo uma atitude conciliadora com o teu adversário, enquanto estás com ele no caminho, para não acontecer que o adversário te entregue ao juiz e o juiz, ao oficial de justiça e, assim, sejas lançado na prisão. Em verdade te digo: dali não sairás, enquanto não pagares o último centavo.[11]

---

[8] Idem, ibidem, p. 84.
[9] Idem, ibidem, p. 87.
[10] Idem, ibidem, p. 89.
[11] Idem, ibidem, p. 99.

Essa passagem, em um sentido psicológico, segundo Sanford, leva-nos à compreensão de que o "adversário" está dentro de nós — é a personalidade da sombra que se opõe à nossa *persona*. Jesus mostra-nos a necessidade de entrarmos em contato com essa sombra e fazermos as pazes com nosso adversário interior para que

> nossas vidas e personalidades tornem-se íntegras, atinjam a meta final para a qual foram destinadas. Isso envolverá, necessariamente, o reconhecimento da sombra e a aceitação dessa parte de nós mesmos como parte inevitável da nossa totalidade. A solução do problema da sombra que Jesus sugere, então, envolve o crescimento da consciência psicológica e a maturidade espiritual pelo reconhecimento do nosso lado obscuro, tanto quanto do nosso lado claro; ele não nos chama à repressão da sombra [...].[12]

Em Paulo encontramos uma situação diferente. Sanford destaca Rm 7,14-20, em que

> Paulo recusa-se a aceitar esta tendência oposta como sendo parte dele mesmo: "Na realidade, não sou mais eu que pratico a ação, mas o pecado que habita em mim. Eu sei que o bem não mora em mim, isto é, na minha carne. Pois o querer o bem está ao meu alcance, não, porém, praticá-lo. Com efeito, não faço o bem que eu quero, mas pratico o mal que não quero".[13]

Pela análise do autor, Paulo, reforçando apenas o lado bom do ser humano, torna a sombra uma inimiga. Pode-se compreender essa postura do Apóstolo se o contextualizarmos historica-

---
[12] Idem, ibidem, p. 104.
[13] Idem, ibidem, p. 90.

mente, lembrando da sua formação, uma vez que ele representa a visão dominante da Igreja primitiva.[14]

O mal nos contos de fada

Para esta abordagem, será utilizada a primeira parte do livro *A sombra e o mal nos contos de fadas*, de Marie-Louise von Franz. Nessa parte, "O problema da sombra nos contos de fadas", a autora conceitua "sombra" como sendo o que não conhecemos de nós. A sombra possui uma parte material pessoal e uma parte material impessoal e coletiva, e se constrói a partir de qualidades reprimidas, não aceitas ou não admitidas, porque incompatíveis com as que foram escolhidas. Para perceber a sombra, há a necessidade da existência do outro.

Para aplicar esse conceito aos contos de fadas, Marie-Louise fala da origem deles. Até mais ou menos o século XVII, os contos de fadas não eram destinados apenas às crianças, mas também a adultos das classes mais baixas como diversão e distração. Havia a presença de narradores profissionais que transmitiam a sabedoria popular, os "contadores de história".

Essa origem também é explicada por Sheldon Cashdan. Charles Perrault fez uma coletânea de histórias, que se chamou *Contes de ma mère l'Oie* (*Contos de mamãe Ganso*), e entre elas encontramos *Cinderela*, *Chapeuzinho Vermelho* e *A bela adormecida*. Além dessas, temos histórias em que o pai deseja a própria filha, e cenas de

---

[14] Idem, ibidem, p. 98.

estupro são freqüentes, pois os contos de fadas, originariamente, não foram feitos para crianças. Há versões em que a madrasta de *Cinderela* corta os pés de suas filhas para caberem no sapato de cetim. Ou *Chapeuzinho Vermelho* faz um *strip-tease* para o Lobo antes de deitar-se com ele. Wilhelm e Jacob Grimm, no início do século XVII, publicaram sua coletânea de contos de fadas em dois volumes: *Histórias de crianças e de casa*. Portanto, os irmãos Grimm não escreveram as histórias, apenas fizeram uma nova versão, cortando algumas partes para torná-las adequadas aos jovens, e, segundo Cashdan, não importava o fato de grande parte das histórias ser de origem francesa ou italiana, pois os irmãos Grimm as consideravam alemãs.

Só no século XIX é que os contos de fadas se transformaram em literatura infantil e, no século XX, as versões de Walt Disney tomaram conta dos cinemas, dando formas e cores às princesas, príncipes, bruxas e dragões.

Segundo Marie-Louise, um conto de fada origina-se de um núcleo que se forma a partir de experiências psicológicas ou sonhos, permanecendo os elementos arquetípicos. Os contos ficaram relegados às crianças, revelando uma atitude típica de que o material arquetípico é encarado como infantil. "Os contos de fadas refletem a estrutura psicológica elementar do ser humano muito mais do que os mitos e as produções literárias."[15]

Marie-Louise afirma, ainda, que o exame da sombra nos contos de fadas deve, portanto, focalizar não a sombra pessoal, mas a sombra coletiva. Não devemos ver os personagens

---

[15] FRANZ, M-L. von. *A sombra e o mal nos contos de fadas*, p. 21.

separadamente nem apenas em relação ao seu opositor, mas analisá-los no conjunto das relações, pois essas refletem a soma das relações humanas.

As histórias infantis e os contos de fadas ajudam as crianças e os adultos a compreender o que ocorre com eles, isto é, a lidar com seu conflito interno, ou seja, a relação entre *persona* e sombra. Quando uma criança lê ou ouve uma história, ou mesmo assiste a um filme, ela está aprendendo a trabalhar com seus demônios interiores, que lutam continuamente. A repetição ajuda o pensamento a fixar a informação.

Sheldon Cashdan diz-nos que o modo como os contos de fadas resolvem os conflitos é oferecendo às crianças um palco onde elas podem representar suas lutas interiores. A Rainha Má em *Branca de Neve*, diz ele, personifica o narcisismo, a radical vaidade, que faz com que nos apaixonemos por nós mesmos, a ponto de mergulharmos e nos afogarmos em nós. A Rainha Má é capaz de comprometer sua beleza para destruir a mais bela do reino.

Um ponto importante a ser destacado em relação às crianças é o medo que elas têm de ser abandonadas pelos pais ou de que eles as vendam ou dêem, caso se comportem mal. Como é difícil ser bonzinho,

> as crianças vêem-se, freqüentemente, à mercê de tendências que não conseguem controlar ou entender completamente. É por isso que ler contos de fadas, para elas, é reconfortante. A presença dos pais não apenas ajuda a criança a lidar com as passagens mais apavorantes, mas também comunica que eventuais pensamentos e impulsos impróprios da criança não vão fazer com que eles as rejeitem.[16]

---

[16] CASHDAN, S. *Os 7 pecados capitais nos contos de fadas*, p. 30.

Os contos de fadas não influenciam apenas as crianças, eles também são metáforas para descrever as aspirações adultas, seja pela espera do *príncipe encantado*, seja pelo desejo de uma *fada madrinha* que nos proteja, seja pela descoberta da *galinha dos ovos de ouro*.

Os contos de fadas trazem mensagens imbuídas de valores e uma "moral da história". Já as histórias de heróis possuem uma especificidade, referente à sua jornada, já explicitada anteriormente.

Uma ressalva deve ser feita em relação à análise do psicanalista Bruno Bettelheim, autor de *A psicanálise dos contos de fadas*, no qual trabalha com a teoria freudiana, dando ênfase à sexualidade. Trata-se de um estudo muito interessante, mas não será objeto de referência agora.

Embora ninguém negue que as crianças são seres sexuais, e que alguns contos de fadas possam despertar desejos sexuais, o sexo está longe de ser a preocupação mais urgente na vida das crianças muito pequenas. Elas se preocupam mais em agradar seus pais, em fazer e manter amigos e em ir à escola, não com sexo. As crianças preocupam-se com sua posição na família, e em saber se são tão amadas quanto seus irmãos e suas irmãs.[17]

Trabalhar com contos de fadas, portanto, além das características já apontadas, tem uma vantagem muito interessante: sabemos que no final tudo acaba bem, que o *bem* vence o *mal*, que as injustiças são combatidas e que seremos felizes para sempre. O *mal*, como expressão da sombra, apresentado nas histórias infantis, ajuda a todos a lidar com suas contradições, trazendo o alento de que tudo pode acabar *bem*.

---

[17] Idem, ibidem, p. 27.

ATIVIDADE EM SALA DE AULA

Escolher contos de fadas que apresentam uma figura má ou o *mal* como algo que impede o ser humano de desenvolver-se e ser feliz: *Chapeuzinho Vermelho* (o Lobo Mau como o perigo que ronda o caminho correto e a conseqüência de uma desobediência); *Os três porquinhos* (a preguiça e o não-cumprimento das tarefas); *Branca de Neve* (a Bruxa Má e sua vaidade); *Cinderela; A bela adormecida*. Destacar o vilão da história, ou o *mal*, e mostrar como ele representa (símbolo) tudo o que não se deve fazer ou ser.

Caso o professor opte por trabalhar com os sete pecados capitais — vaidade (*Branca de Neve*); gula (*João e Maria*); inveja (*Cinderela*); mentira (*A menina dos gansos; Pinóquio*); luxúria (*Rapunzel*); avareza (*João e o pé de feijão*) e preguiça (*Pinóquio*) —, Sheldon Cashdan indica a forma de lidar com eles.

BIBLIOGRAFIA SUGERIDA

ARATANGY, Lídia Rosenberg. *Doces venenos*: conversas e desconversas sobre drogas. São Paulo, Olho d'Água, 1992.

CASHDAN, Sheldon. *Os 7 pecados capitais nos contos de fadas*: como os contos de fadas influenciam nossas vidas. Rio de Janeiro, Campus, 2000.

FRANZ, Marie-Louise von. *A sombra e o mal nos contos de fadas*. São Paulo, Paulus, 1985.

____. *A interpretação dos contos de fadas*. São Paulo, Paulus, 1990.

VI

OS SÍMBOLOS E AS RELIGIÕES

OBJETIVOS

- Compreender o que representam os símbolos para as religiões.
- Desenvolver o respeito.
- Trabalhar o conceito de respeito e tolerância religiosa.

SUBSÍDIOS PARA APROFUNDAMENTO

O símbolo aproxima o divino do humano, é a ponte que os liga. Está presente em todos os momentos em que houver uma *passagem*, isto é, quando ocorrerem mudanças significativas em nossas vidas, um período de *transição* da vida humana. Os símbolos de transcendência

> relacionam-se com a necessidade que tem o ser humano de libertar-se de qualquer estado de imaturidade demasiadamente rígido ou categórico. Em outras palavras, tais símbolos dizem respeito à libertação do ser humano — ou à sua transcendência — de qualquer forma restrita de vida, no curso da sua progressão para um estágio superior ou mais amadurecido da sua evolução.[1]

---

[1] HENDERSON, J. L. Os mitos antigos e o homem moderno. In: JUNG, C. G. (org.). *O homem e seus símbolos*, p. 149.

É o próprio Jung quem define signo como uma expressão que é posta para uma coisa conhecida. Signos e símbolos pertencem a níveis diferentes de realidade. "Um signo é uma parte do mundo físico do ser; um símbolo é uma parte do mundo humano dos sentidos."[2]

Assim como na linguagem, o signo refere-se ao nome de algo e o símbolo remete ao mundo dos sentidos e significados mais profundos e, de uma certa forma, indizíveis, como já dissemos anteriormente. Por isso, ao falarmos de religião, remetemo-nos aos símbolos.

Jolande Jacobi recorre à *Enciclopédia Meyer*[3] para dar uma definição de alegoria:

> Alegoria é constituída da animação de um conceito claramente reconhecido ou da representação do teor de uma idéia transcendental, compreensível e rigorosamente delimitável por meio de uma imagem (como a representação da justiça pela figura feminina, com a espada e balança).[4]

Assim, "o símbolo não é nenhuma alegoria, nem signo, mas a imagem de um conteúdo transcendente de consciência, em sua maior parte".[5]

A experiência da transcendência expressa-se, portanto, através do símbolo, uma vez que ele é capaz de tocar o divino que mora no ser humano. O símbolo depende da estrutura ou da

---

[2] CASSIRER, E. *Um ensaio sobre o homem*. New Haven, 1944. p. 32. Citado por: JACOBI, J. *Complexos, Arquétipos, Símbolos na Psicologia de C. G. Jung*, p. 77.
[3] *Enciclopédia Meyer*. Leipzig, v. I, p. 371, 1907.
[4] Citado por: JACOBI, J., op. cit., p. 77, nota 14.
[5] Idem, ibidem, p. 80.

condição espiritual de cada ser humano, isto é, o símbolo compõe a linguagem do espírito por meio da transcendência.

A função lançadora de pontes representa o "único contrapeso verdadeiro e preservador da saúde, que a natureza pode enfrentar com esperança de sucesso".[6]

Na função transcendente do símbolo,[7] acontece a aproximação de pares opostos na busca de uma síntese. Essa função, para Jung, é uma função complexa, composta de várias funções (iniciação, luta por um objetivo, saga do herói, realização do *self*), lidando com a totalidade do ser humano.

Assim sendo, podemos dizer que as religiões expressam a espiritualidade do ser humano, cada qual da sua forma, sendo uma maneira de manter um diálogo com seu Deus, ou Transcendente. Como esse diálogo trata de assuntos para os quais as palavras não dão conta, a linguagem simbólica faz-se presente, buscando facilitar a comunicação.

Alguns símbolos que encontramos nas religiões

Trata-se de um tema muito abrangente e rico, e este livro não tem a pretensão de abordá-lo plenamente. Apresentaremos, apenas, alguns símbolos como indicativo. Uma pesquisa mais

---

[6] Idem, ibidem, p. 91.
[7] A função transcendente do símbolo aparece explicada por J. Jacobi, op. cit., pp. 88-92. Quanto à passagem entre opostos, ponte entre o divino e o humano, o conhecido e o desconhecido, ver, também, C. G. Jung, O *homem e seus símbolos*, cit.

aprofundada pode ser tema para os trabalhos dos estudantes e posterior apresentação em sala de aula.

Cruz

A cruz é um dos símbolos documentados desde a antigüidade: no Egito, na China, em Cnossos, em Creta (onde foi encontrada, segundo o *Dicionário de símbolos*, uma cruz de mármore datada do século XV a.C.).

A cruz serve de base para todos os símbolos de orientação nos diversos níveis da existência do ser humano, pois aponta para os quatro pontos cardeais. Revela-se, implicitamente, como centro da presença humana no mundo terrestre, sua orientação espacial, relativa aos pontos cardeais terrestres, e, também, a relação com os pontos cardeais celestes.

Assim, as três orientações — animal, espacial e temporal — religam o ser humano com o mundo supratemporal transcendente. Por isso o símbolo da cruz pode ser interpretado, em seu eixo central, como o lugar do ser humano: nos braços horizontais da cruz está a sua existência temporal, relativa, imanente, que o liga com o próximo na solidariedade humana. Na verticalidade da cruz, temos o ser humano na sintonia celeste, como uma religação (por isso religião) com o Transcendente.

A cruz é o terceiro dos quatro símbolos fundamentais, juntamente com o centro, o círculo e o quadrado. Ela possui uma função de síntese e de medida, pois junta o céu e a terra, confunde o tempo e o espaço, reunindo de forma permanente a terra ao céu, de baixo para cima e de cima para baixo. A cruz marca encruzilhadas em sua interseção, onde se ergue um altar, uma pedra, um mastro, uma difusão, uma emanação.

Podem-se distinguir quatro espécies principais de cruz:

1) A cruz sem cabeça, o tau, que simbolizaria a serpente fixada em uma estaca, a morte vencida pelo sacrifício.
2) A cruz com um braço transversal é a cruz do Evangelho; os quatro braços como os quatro elementos que foram viciados pela natureza humana; o conjunto da humanidade atraída para o Cristo dos quatro cantos do mundo; as virtudes da alma humana. O pé da cruz fincada ao solo, como a fé nas maiores profundezas, e a haste superior indicando a esperança que sobe ao céu, sua envergadura como a caridade que se estende a todos, inclusive aos inimigos, e seu comprimento simbolizando a esperança absoluta.
3) A cruz de dois braços transversais teria no braço transverso superior a inscrição irônica de Pilatos: *Jesus de Nazaré, rei dos judeus*; o braço transversal inferior seria aquele onde se estendiam os braços de Cristo.
4) A cruz com cabeça e três barras transversais é a cruz de Lorena, que se originou da Grécia, onde é comum seu uso, simbolizando a hierarquia eclesiástica, correspondendo à tiara papal, ao chapéu cardinalício e à mitra episcopal, e que se fez, a partir do século XV, de uso privativo do Papa, enquanto a cruz dupla é do cardeal e do arcebispo e a cruz simples, do bispo. Nesta cruz grega são inseridas as iniciais do nome de Jesus Cristo e a palavra *nike*, que quer dizer *vitória*.[8]

---

[8] CHEVALIER, J. & GHEERBRANT, A. *Dicionário de símbolos*, pp. 245-251.

A cruz está simbolizada nas tradições judaicas. Quando as casas dos judeus são marcadas com sangue do cordeiro sob o signo cruciforme, recapitulam-se a criação e um sentido cósmico, pólo do mundo, de Deus no seu mistério de dor, abrindo os braços e abraçando o círculo da terra.

A cruz é o símbolo universal do cristianismo e lembra a morte de Jesus pela crucificação. Esta é representada por um crucifixo, com Jesus pregado nela. Um símbolo alternativo, conforme encontramos em *O livro ilustrado das religiões*, é a cruz vazia, que simboliza, para todos os fiéis, a Ressurreição e a Ascensão de Jesus.[9]

A presença da cruz faz-se visível na natureza, no ser humano de braços abertos, no vôo dos pássaros, no navio com seu mastro, nos instrumentos de arar a terra, na âncora, no tridente, na cruz gamada, no anzol que fisga o demônio e resgata a justiça etc.

A árvore da vida, também símbolo da cruz, ressuscita os mortos, porquanto feita com a madeira da árvore plantada no paraíso.

Maçã – Fruto proibido

A maçã é um fruto utilizado, simbolicamente, de diferentes formas. Quando se fala que Eva ofereceu a maçã para Adão, na verdade há uma confusão de tradução. No Antigo Testamento, temos o relato de que Eva oferece o fruto proibido, da árvore do conhecimento. Esse fruto foi identificado com a maçã, pois em

---

[9] WILKINSON, J. *O livro ilustrado das religiões*, p. 92.

latim as palavras mal e maçã se aproximam: mal = *malum* e maçã = *malum* (com um traço sobre a letra *a*, indicativo de quantidade de pronunciação). O mesmo acontece com *malus*, que significa maldoso, e *malus* (com um traço sobre a letra *a*), que significa macieira. Com isso, associou-se o mal à maçã.

Além disso, a maçã contém, no seu interior, uma estrela de cinco pontas (pentagrama – símbolo do ser humano-espírito), o que a torna o fruto do conhecimento e da liberdade. *Comer a maçã* significa abusar da inteligência e conhecer o mal, da sensibilidade para o desejo, da liberdade para a ação. Para as tradições celtas, a maçã é o fruto da *ciência*, da *magia* e da *revelação*, servindo, também, de alimento-prodígio. A maçã também é símbolo da renovação e do frescor perpétuo; comê-la significa manter a juventude. Pelo fascínio que representa sua cor, é usada para atrair as pessoas, para seduzi-las. Como exemplo bem próximo das crianças, temos a história de *Branca de Neve*, na qual a Madrasta, transformada em Bruxa, oferece uma maçã bem vermelha para atrair a atenção da jovem Branca de Neve e envenená-la com uma poção mágica. Aqui, temos duas representações simbólicas usadas: a maçã, como fruto de sedução, e o vermelho. Universalmente considerado como o símbolo fundamental do princípio da vida, com a sua força, o seu poder e o seu brilho, o vermelho, cor de fogo e de sangue, possui, entretanto, a mesma ambivalência simbólica destes últimos. O vermelho claro, brilhante, é diurno, masculino, centrífugo (força para fora), incitando à ação. O vermelho escuro, cor da maçã, pelo contrário, é noturno, feminino, secreto e, no limite, centrípeto (força para dentro); ele representa não a expressão, mas o mistério da vida. O vermelho escuro é a cor do fogo central do ser humano e da terra, do ventre. Esse vermelho sagrado e secreto é o mistério vital escondido no fundo das trevas e dos oceanos primordiais. É a cor da libido e do coração.

O vermelho vivo, diurno, incita à ação; ele é a imagem de ardor e de beleza, de força impulsiva e generosa, de juventude, saúde, riqueza. Apenas uma curiosidade: no Japão, a cor vermelha é usada quase exclusivamente pelas mulheres. É um símbolo de sinceridade e de felicidade.

O símbolo do peixe para os cristãos

Uma outra representação simbólica muito conhecida é a do *peixe*. O peixe é o símbolo do elemento água, no qual ele vive. É, ainda, símbolo de vida e de fecundidade. Na iconografia dos povos indo-europeus, é um símbolo de sabedoria também. "Oculto nas profundezas do oceano, ele é penetrado pela força sagrada do abismo. Dormindo nos lagos ou atravessando os rios, distribui a chuva, a umidade, a inundação. Controla, assim, a fecundidade do mundo."[10]

A simbologia do peixe estendeu-se ao cristianismo, com alterações. A palavra grega *ichtus* (= peixe) foi tomada pelos cristãos como um ideograma:

I – *Iesus*; Ch – *Christós*; T – *Theou*; U – *Uios*; S – *Soter*
Jesus Cristo, Filho de Deus, Salvador.

Por isso, as numerosas representações simbólicas do peixe nos antigos monumentos cristãos, em especial nos funerários.

---

[10] CHEVALIER, J. & GHEERBRANT, A. *Dicionário de símbolos*, p. 516.

O peixe, por ser um alimento, também se tornou símbolo de alimento eucarístico, figurando ao lado do pão. Além disso, o cristão compara-se a um pequeno peixe, que, quando batizado, nasce das águas. Lembramos, também, que Jesus viveu entre os pescadores.

Uma outra relação que podemos estabelecer é por meio dos elementos água e ar. A água é o símbolo do nosso inconsciente, que, para Carl Gustav Jung, é composto de inconsciente pessoal e inconsciente coletivo. No inconsciente coletivo, está a herança de toda a humanidade concentrada como energia psíquica, isto é, arquétipos coletivos; no inconsciente individual, está a memória pessoal. O ar representa, simbolicamente, a espiritualidade, o sopro da vida. A terra simboliza a materialidade do corpo físico. Após sermos feitos do barro (mistura de terra — corpo físico — e água — inconsciente), Deus soprou em nossas narinas e deu-nos a vida espiritual.[11] Se mergulhamos na água sem ar, sem oxigênio, afogamo-nos. Simbolicamente, podemos dizer que, ao mergulharmos no nosso inconsciente (água), necessitamos de uma boa dose de ar (espiritualidade) para podermos sobreviver ao que lá encontrarmos. O peixe consegue respirar dentro da água, por meio de suas guelras, retirando oxigênio da água. Se consideramos que Jesus Cristo é representado por um peixe, podemos compreender que ele é capaz de mergulhar no mais profundo de seu ser sem se afogar. A espiritualidade é ele todo. É apenas um símbolo, mas muito interessante a reflexão que pode suscitar. Essa é uma das fun-

---

[11] Encontramos esta narrativa em várias versões culturais.

ções dos símbolos, provocar uma reflexão para a qual seriam necessárias muitas palavras.

O simbolismo da estrela[12]

A estrela de cinco pontas: o pentagrama

Representa a união dos desiguais. As cinco pontas do pentagrama harmonizam, em uma união fecunda, o três (3), que significa o princípio masculino, e o dois (2), que corresponde ao princípio feminino. Representa, também, o casamento, a felicidade e a realização.

O pentagrama é um dos símbolos de maior poder, e era utilizado pelos mágicos para que exercessem seu poder. Designa a harmonia universal e, muitas vezes, é utilizado como talismã contra as más influências.

A estrela de cinco pontas é um símbolo do microcosmo humano. Leonardo da Vinci desenhou o *homem vitruviano* em um pentagrama elaborado a partir da *divina proporção*, expressa pelo *Phi* 1,618.

Para os pitagóricos, o número cinco é sinal de união, número nupcial, da harmonia e do equilíbrio. Simboliza os cinco sentidos, portanto, é a totalidade do mundo sensível.

A estrela de seis pontas: o hexagrama

A estrela de seis pontas é construída a partir de dois triângulos entrelaçados. O triângulo representa a primeira superfície,

---

[12] Baseado no *Dicionário de símbolos*, de J. Chevalier e A. Gheerbrant.

isto é, para que se demarque um espaço é necessário o triângulo. Qualquer figura que tenha linhas que partam do seu centro até os ângulos pode ser dividida em muitos triângulos. O triângulo está na base da formação da pirâmide. O triângulo eqüilátero (três lados iguais) simboliza a divindade, a harmonia, a proporção. Representa, também, o equilíbrio entre as forças humanas e divinas; é a integração entre o céu e a terra. O triângulo, com o vértice para cima, exprime o fogo e o sexo masculino; com o vértice para baixo, a água e o sexo feminino.

A estrela de seis pontas, emblema do judaísmo, selo de Salomão, simboliza o abraço do espírito e da matéria, dos princípios ativos e passivos, o ritmo do seu dinamismo, a lei da evolução e da involução, o masculino e o feminino.

ATIVIDADE EM SALA DE AULA

Trabalho em grupo: cada grupo escolhe uma religião para pesquisar. Proponho que sejam as monoteístas: judaísmo, islamismo e cristianismo; e as que aparecem com grande número de adeptos no Brasil: pentecostalismo, budismo, espiritismo e umbanda. Todos devem dividir o trabalho em: origem; rituais e símbolos; tolerância religiosa (como cada religião vê as outras religiões).

É necessário que todos os trabalhos estejam prontos antes que as apresentações em sala se iniciem, pois, assim, todos poderão participar, aptos a relacionar o que for possível e identificar as diferenças.

O objetivo é conhecer as diferentes expressões religiosas sem julgar qual detém a verdade. Com o estudo anterior sobre os símbolos, espera-se que os estudantes estejam sensibilizados a compreender o outro na sua diversidade.

BIBLIOGRAFIA SUGERIDA

FISHER, Balthasar. *Sinais, palavras e gestos na liturgia*: da aparência ao coração. São Paulo, Paulinas, 2003.

GAARDE, Jostein. *O livro das religiões*. São Paulo, Companhia das Letras, 2000.

KÜNG, Hans. *Religiões do mundo*: em busca dos pontos comuns. Campinas, Verus, 2004.

PASSOS, João Décio. *Pentecostais*: origem e começo. São Paulo, Paulinas, 2005.

[...] E FORAM FELIZES PARA SEMPRE!

Não haverá paz entre as nações
se não existir paz entre as religiões.
Não haverá paz entre as religiões
se não existir diálogo entre as religiões.
Não haverá diálogo entre as religiões
se não existirem padrões éticos globais.
Nosso planeta não irá sobreviver
se não houver um *ethos* global, uma ética para o mundo inteiro.[1]

Acredito que o grande objetivo de se trabalhar com o ensino religioso ou disciplinas afins é levar nossos estudantes a conhecer as diferentes expressões religiosas, compreender por que são diferentes e respeitá-las por essa mesma razão. Segundo Hans Küng, o *ethos* comum da humanidade deve ter como meta o *entendimento universal entre as religiões*. Esse entendimento, segundo o autor, não se trata de uma religião unificada no mundo inteiro, "nem de um coquetel de religiões, nem de substituir a religião por uma ética. Mas, antes, de um empenho pela paz entre os seres humanos das diferentes religiões deste mundo, o que constitui uma necessidade urgente".[2]

Conviver com o diferente, respeitando-o e não apenas usando o conceito de tolerância como "aceitar a presença, desde que

---

[1] KÜNG, H. *Religiões do mundo:* em busca dos pontos comuns, p. 17.
[2] Idem, ibidem.

não incomode", é um grande desafio, principalmente nos dias de globalização, em que as distâncias e o tempo se aproximam rapidamente. Que fazer com o chamado terrorismo religioso? Há coisas que são intoleráveis? Como diferenciá-las? É preciso denunciá-las? Em nome do quê?

Para que as diferenças apareçam, primeiro há a necessidade da compreensão da identidade de cada uma das religiões. Portanto, é de grande relevância o estudo e o aprofundamento das religiões. Vimos como os símbolos são formados, e também que eles moram no espírito do ser humano e expressam o indizível. Trabalhar com os símbolos é uma boa porta de entrada, pois, do mesmo modo que temos nossos símbolos para expressar o indizível, temos a religião como uma maneira de expressar nossa capacidade de transcender.

Sobre o intolerável, Michelle Perrot apresenta-nos três compreensões:

> Intolerável? É a própria intolerância, temível parceira do totalitarismo, nacional, religioso ou étnico, cuja recusa ao outro chega a ponto de aniquilá-lo. A estigmatização do estrangeiro, a xenofobia, o racismo são suas armas preferidas.
>
> Intolerável? É a recusa da verdade como fazem hoje: o negacionismo, que duvida dos campos de concentração e da realidade do genocídio judeu; o racismo [...]; o sexismo [...].
>
> Intolerável? É o sofrimento dos fracos, joguetes e vítimas dos poderes públicos e privados [...].[3]

---

[3] PERROT, M. O intolerável. In: ACADEMIA Universal das Culturas. *A intolerância*, p. 111.

Diante do intolerável, a tolerância é um grande desafio, principalmente a tolerância religiosa, sempre compreendida como respeito ao diferente. Talvez essa seja a ética para a paz, reafirmada por Françoise Héritier, quando nos diz que "tolerar é, portanto, aceitar a idéia de que os seres humanos não são apenas definidos como livres e iguais em direito, mas que *todos os humanos, sem exceção, são definidos como seres humanos*". E completa:

> Sem dúvida, é aí que reside o fundamento de uma hipotética ética universal, com a condição — que comporta consideráveis condições — de que haja uma tomada de consciência individual e coletiva, uma vontade política internacional e o estabelecimento definitivo de sistemas educacionais que ensinem a não odiar.[4]

Talvez ensinar nossos estudantes a não se odiarem seja uma grande tarefa para nós educadores. Tomar as religiões como tema não é nada fácil; a proposta de trabalhar com os símbolos, com certeza, ajuda-nos.

Desejo a todos um excelente trabalho!

BIBLIOGRAFIA SUGERIDA

Arte e religião. Expressões culturais do sagrado. *Diálogo* – Revista de Ensino Religioso, Paulinas, São Paulo, n. 33, fev. 2004.

---

[4] Héritier, F. O eu, o outro e a intolerância. In: Academia Universal das Culturas. *A intolerância*, p. 27.

BIBLIOGRAFIA

ACADEMIA Universal das Culturas. *A intolerância.* Foro Internacional sobre a Intolerância. Rio de Janeiro, Bertrand Brasil, 2000.

ALVES, Rubem. *O suspiro dos oprimidos.* São Paulo, Paulus, 1987.

ARATANGY, Lídia. *Doces venenos:* conversas e desconversas sobre drogas. São Paulo, Olho d'Água, 1992.

BEAINI, Thais Cury. *As máscaras do tempo.* Petrópolis, Vozes, 1994.

BOFF, Leonardo. *A águia e a galinha.* 22. ed. Petrópolis, Vozes, 1997.

BRUCE-MITFORD, Miranda. *O livro ilustrado dos símbolos.* São Paulo, Publifolha, 2001.

CAMPBELL, Joseph. *O herói de mil faces.* 10. ed. São Paulo, Cultrix/Pensamento, 1997.

CASHDAN, Sheldon. *Os 7 pecados capitais nos contos de fadas*: como os contos de fadas influenciam nossas vidas. Rio de Janeiro, Campus, 2000.

CASSIRER, Ernst. *Antropologia filosófica.* São Paulo, Mestre Jou, 1977.

CHEVALIER, Jean & GHEERBRANT, Alain. *Dicionário de símbolos.* Lisboa, Editorial Teorema, 1982.

DAMÁSIO, António. *O mistério da consciência.* São Paulo, Companhia das Letras, 2000.

FISHER, Balthasar. *Sinais, palavras e gestos na liturgia*: da aparência ao coração. São Paulo, Paulinas, 2003.

FORDHAM, Frieda. *Introdução à psicologia de Jung.* São Paulo, Verbo/Edusp, 1978.

FRANZ, Marie-Louise von. *A sombra e o mal nos contos de fadas.* São Paulo, Paulus, 1985.

_____. *A interpretação dos contos de fadas.* São Paulo, Paulus, 1990.

GAARDE, Jostein. *O livro das religiões.* São Paulo, Companhia das Letras, 2000.

GIRARD, Marc. *Os símbolos na Bíblia*: ensaio de teologia bíblica enraizada na experiência humana universal. São Paulo, Paulus, 1997.

HERDER, Johann Gottfried. *Ensaio sobre a origem da linguagem.* Lisboa, Antígona, 1987.

JACOBI, Jolande. *Complexos, Arquétipos, Símbolos na Psicologia de C. G. Jung.* 10. ed. São Paulo, Cultrix, 1995.

JUNG, Carl Gustav. *O homem e seus símbolos.* Rio de Janeiro, Nova Fronteira, 1964.

_____. *Os arquétipos e o inconsciente coletivo.* 2. ed. Petrópolis, Vozes, 2000.

_____. *Tipos psicológicos.* Petrópolis, Vozes, 1991.

KRISTEVA, Julia. *El lenguaje ese desconocido.* Introducción a la lingüística. Madrid, Editorial Fundamentos, 1988.

KÜNG, Hans. *Religiões do mundo*: em busca dos pontos comuns. Campinas, Verus, 2004.

LELOUP, Jean-Yves. *Caminhos da realização*: dos medos do eu ao mergulho no ser. 12. ed. Petrópolis, Vozes, 1996.

LIMA FILHO, Alberto Pereira. *O pai e a psique.* São Paulo, Paulus, 2002.

MURARO, Rose Marie & BOFF, Leonardo. *Feminino e masculino*: uma nova consciência para o encontro das diferenças. Rio de Janeiro, Sextante, 2002.

NASSER, Maria Celina de Queirós Cabrera. *O que dizem os símbolos?* São Paulo, Paulus, 2000.

_____. *Mal*: o lado sombrio da realidade. Resenha da obra de John Sanford. Revista *Síntese Nova Fase*, Belo Horizonte, v. 20, n. 60, pp. 137-140, 1993.

PASSOS, João Décio. *Pentecostais*: origem e começo. São Paulo, Paulinas, 2005.

SANFORD, John. *Mal*: o lado sombrio da realidade. São Paulo, Paulus, 1988.

VAZ, Henrique Cláudio de Lima. *Antropologia filosófica*. 2. ed. São Paulo, Loyola, 1995. v. II.

_____. *Antropologia filosófica*. 4. ed. São Paulo, Loyola, 1998. v. I.

VILHENA, Maria Ângela. *Ritos*: expressões e propriedades. São Paulo, Paulinas, 2005.

WILKINSON, Philip. *O livro ilustrado das religiões*. São Paulo, Publifolha, 2001.

ZWEIG, Connie & ABRAMS, Jeremiah (orgs.). *Ao encontro da sombra*: o potencial oculto do lado escuro da natureza humana. 9. ed. São Paulo, Cultrix, 1999.

Impresso na gráfica da
Pia Sociedade Filhas de São Paulo
Via Raposo Tavares, km 19,145
05577-300 - São Paulo, SP - Brasil - 2006